하루 하나 꺼내 보는 세계 인물

펴낸일 2025년 8월 15일 초판 1쇄

지은이 에듀스토리
그린이 유미지
디자인 강윤정
기획 및 책임 편집 임수정
펴낸이 황영아
펴낸곳 마카롱플러스 미디어
등록 2023. 5. 23
주소 서울시 광진구 아차산로 30길 36 2층 창업센터 102호
TEL. 02) 400-3422 **FAX.** 02) 460-2398

Copyrightⓒ에듀스토리

블로그 https://blog.naver.com/macaron_media
인스타그램 https://www.instagram.com/macaron.media
메일 media.macaron@gmail.com

이 책의 무단 복제, 복사 및 전재를 금합니다.
잘못된 책은 구입처에서 바꾸어 드립니다.
KC마크는 이 제품이 공통안전기준에 적합하였음을 의미합니다.

>>일러두기
- 한글맞춤법과 외래어 표기법에 따랐습니다. 다만 예외적으로 표기 형태가 고착된 고유명사나 브랜드명, 제품명 등은 일반적으로 사용하는 명칭을 사용했습니다.
- 달러의 환율은 2025년 6월 기준으로 적용해 한화로 표시했습니다.

천리길도 교과 상식부터

하루 하나 꺼내 보는 세계 인물

지은이 **에듀스토리**

이 책의 구성과 특징

01
하루 한 장, 세계 인물 한 명을 그림으로 만나요!

교과서에 나오는 인물이나
우리가 꼭 알아야 할
세계 주요 인물들을
하루 한 명씩 만나보세요.
인물이 태어난 나라, 직업 등
간단 소개와 함께
인물의 업적을
사진과 그림으로
배워 볼 수 있어요.

03
어휘에 대한 이해력을 향상시켜요!

어휘 풀이를 통해 정확한 뜻을 배워
문장에 대한 이해력을 향상시킬 수 있어요.

#코코샤넬 #20세기여성패션선도 #샤넬스타일 #나치첩보원

20세기 여성 패션의 혁신
가브리엘 샤넬

가브리엘 샤넬(Gabrielle Chanel)
1883~1971년
출생지: 프랑스
직업: 패션 디자이너

오늘날 최고의 럭셔리 브랜드로 손꼽히는 '샤넬'은 작은 모자 의상실에서 시작했어요. 당시 여성들은 몸에 꼭 끼는 코르셋과 화려한 장식이 많은 옷을 입었답니다. 하지만 가브리엘 샤넬은 여성의 몸을 자유롭게 하면서도 활동적이고 우아한 옷을 만들어 인기를 끌었어요. 남성복에 사용되던 소재를 여성복에 도입하는 실험적인 시도도 주목받았죠. 바닥까지 끌리던 긴 치마에서 여성을 해방시켰고, 여성 전용 바지도 선보었어요. 이런 샤넬의 디자인은 20세기 여성 패션의 혁신을 이끈 결정적인 계기가 되었답니다.

샤넬의 유년 시절은 평탄하지 못했어요. 어머니가 세상을 떠나자 아버지는 세 자매를 고아원에 보내야 했고, 그녀는 고아원과 학교를 거치며 스스로 운명을 바꾸겠다고 결심했죠. 그리고 결국 독립적이고 창조적인 삶을 선택하게 되었어요. 샤넬은 디자인하는 방식도 남들과 달랐어요. 그녀는 옷을 디자인할 때 종이에 스케치하는 일반적인 방식을 사용하지 않았답니다. 대신 모델에게 직접 옷을 입혀 보고, 예닐곱 시간씩 고치고 다듬는 과정을 반복하며 옷을 완성했어요.

하지만 제2차 세계대전은 샤넬의 인생에 오점을 남기게 됩니다. 샤넬은 1939년 전쟁 시기에 의상실 문을 닫고 프랑스 남부로 피신했어요. 이때 교제했던 독일군 장교의 영향으로 '나치 첩보원'으로 활동했다고 합니다. 이런 과거가 알려지자 프랑스 사람들은 그녀를 배신자로 여겼고, 그 때문에 스위스에서 오랜 망명 생활을 해야 했죠.

샤넬은 죽은 이후에도 자신의 조국인 프랑스가 아닌, 스위스 로잔에 묻히게 되었어요. 수많은 논란 속에서도 그녀가 이룬 디자인 혁신과 시대를 앞서간 감각은 오늘날까지도 전 세계 여성들에게 영감을 주고 있답니다.

📍 어휘 플러스

- **코르셋**: 배와 허리의 맵시를 내기 위하여 배에서 엉덩이에 걸쳐 받쳐 입는 여자의 속옷.
- **예닐곱**: 여섯이나 일곱쯤 되는 수.
- **오점**: 명예롭지 못한 흠이나 결점.
- **첩보원**: 상대편의 정보나 형편을 몰래 알아내어 보고하는 사람.

02 각 분야 세계 인물에 대한 배경 지식을 쌓아요!

세상을 바꾼 인물의 주요 업적과 스토리를 통해
교과 연계 지식은 물론, 앞으로 배우게 될
세계사 학습의 첫 배경 지식을 쌓을 수 있어요.

세계를 감동시킨 예술인

1 이 글을 읽고 다음 [ ] 안에 들어갈 말을 골라 ○표 하세요.

가브리엘 샤넬이 디자인한 옷 덕분에 여성들은 불편한 옷에서 [해방 / 속박]
되었어요.

2 다음 그림 중 가브리엘 샤넬이 디자인한 옷과 가까운 것은 무엇일까요?

① 　② 　③

3 이 글을 읽고 다음의 문장이 맞으면 ○표, 틀리면 X표를 하세요.

① 샤넬은 부유한 가정에서 태어났어요. (　)
② 샤넬의 옷을 입기 위해서는 허리를 조이는 코르셋이 필요했어요. (　)
③ 샤넬의 옷은 활동적이면서도 우아했어요. (　)
④ 샤넬의 옷은 창조적이고 혁신적인 디자인으로 20세기 여성 패션을 선도했어요. (　)
⑤ 샤넬은 공로를 인정받아 죽은 이후 프랑스에 묻혔어요. (　)

 상식 플러스

1900년대 여성 패션을 선도했던 곳은 프랑스 파리였고, 남성 패션은 영국의 런던이 주도했어요. 특히 남성들은 다양한 디자인의 모자로 한껏 멋을 부렸죠. 장소와 상황에 따라 챙의 길이와 굴곡, 높이와 형태가 다양한 모자를 즐겼답니다.

〈정답〉 1 해방 2 ① 3 X, X, O, O, X

04 본문을 읽고, 퀴즈를 풀며 독해력을 키워요!

세계 인물 소개 본문을 읽고
세 개의 문제를 풀며
핵심 내용을 확인하고
성취감을 느낄 수 있어요.

05 상식과 재미를 느껴보아요!

인물에 대한 상식 코너를 통해
흥미와 재미를 느낄 수 있어요.

목차

세계를 감동시킨 예술인

가브리엘 샤넬	10
레오나르도 다 빈치	12
미켈란젤로	14
비틀즈	16
빈센트 반 고흐	18
스티븐 스필버그	20
안토니오 가우디	22
앤디 워홀	24
파블로 피카소	26

세상을 바꾼 리더

나폴레옹	30
넬슨 만델라	32
덩샤오핑	34
마더 테레사	36
마틴 루터 킹	38
마하트마 간디	40
에이브러햄 링컨	42
윈스턴 처칠	44
체 게바라	46
프랭클린 루즈벨트	48

세상을 정복한 도전자

닐 암스트롱	52
오펜하이머	54
로알 아문센	56
아멜리아 에어하트	58
알렉산더 플레밍	60
알베르트 슈바이처	62
알베르트 아인슈타인	64
조너스 소크	66
에디슨 vs. 테슬라	68

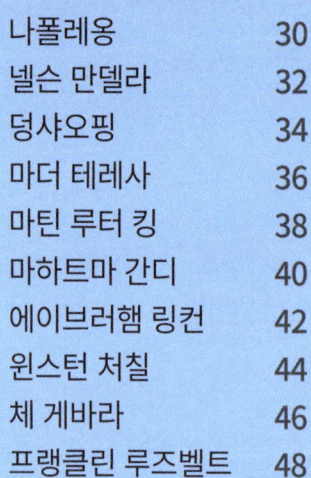

세상을 움직인 경제인

J.P.모건	72
샘 올트먼	74
스티브 잡스	76
워런 버핏	78
월트 디즈니	80
일론 머스크	82
존 록펠러	84
카를 벤츠	86

세계 기록을 정복한 운동선수

리오넬 메시	90
마이클 조던	92
무하마드 알리	94
세레나 윌리엄스	96
오타니 쇼헤이	98
우사인 볼트	100
타이거 우즈	102
펠레	104

세상에 지식을 전하는 석학

레이첼 카슨	108
리처드 도킨스	110
마이클 샌델	112
유발 하라리	114
재레드 다이아몬드	116
제인 구달	118

▼ 세계를 감동시킨 예술인

@가브리엘 샤넬

#코코샤넬 #20세기여성패션선도 #샤넬스타일 #나치첩보원

20세기 여성 패션의 혁신
가브리엘 샤넬

가브리엘 샤넬(Gabrielle Chanel)
1883~1971년
출생지: 프랑스
직업: 패션 디자이너

오늘날 최고의 럭셔리 브랜드로 손꼽히는 '샤넬'은 작은 모자 의상실에서 시작했어요. 당시 여성들은 몸에 꼭 끼는 코르셋과 화려한 장식이 많은 옷을 입었답니다. 하지만 가브리엘 샤넬은 여성의 몸을 자유롭게 하면서도 활동적이고 우아한 옷을 만들어 인기를 끌었어요. 남성복에 사용되던 소재를 여성복에 도입하는 실험적인 시도로도 주목받았죠. 바닥까지 끌리던 긴 치마에서 여성을 해방시켰고, 여성 전용 바지도 선보였어요. 이런 샤넬의 디자인은 20세기 여성 패션의 혁신을 이끈 결정적인 계기가 되었답니다.

샤넬의 유년 시절은 평탄하지 못했어요. 어머니가 세상을 떠나자 아버지는 세 자매를 고아원에 보내야 했고, 그녀는 고아원과 학교를 거치며 스스로 운명을 바꾸겠다고 결심했죠. 그리고 결국 독립적이고 창조적인 삶을 선택하게 되었어요. 샤넬은 디자인하는 방식도 남들과 달랐어요. 그녀는 옷을 디자인할 때 종이에 스케치하는 일반적인 방식을 사용하지 않았답니다. 대신 모델에게 직접 옷을 입혀 보고, 예닐곱 시간씩 고치고 다듬는 과정을 반복하며 옷을 완성했어요.

하지만 제2차 세계대전은 샤넬의 인생에 오점을 남기게 됩니다. 샤넬은 1939년 전쟁 시기에 의상실 문을 닫고 프랑스 남부로 피신했어요. 이때 교제했던 독일군 장교의 영향으로 '나치 첩보원'으로 활동했다고 합니다. 이런 과거가 알려지자 프랑스 사람들은 그녀를 배신자로 여겼고, 그 때문에 스위스에서 오랜 망명 생활을 해야 했죠.

샤넬은 죽은 이후에도 자신의 조국인 프랑스가 아닌, 스위스 로잔에 묻히게 되었어요. 수많은 논란 속에서도 그녀가 이룬 디자인 혁신과 시대를 앞서간 감각은 오늘날까지도 전 세계 여성들에게 영감을 주고 있답니다.

어휘 플러스

- **코르셋**: 배와 허리의 맵시를 내기 위하여 배에서 엉덩이에 걸쳐 받쳐 입는 여자의 속옷.
- **예닐곱**: 여섯이나 일곱쯤 되는 수.
- **오점**: 명예롭지 못한 흠이나 결점.
- **첩보원**: 상대편의 정보나 형편을 몰래 알아내어 보고하는 사람.

세계를 감동시킨 예술인

1 이 글을 읽고 다음 [ ] 안에 들어갈 말을 골라 ○표 하세요.

> 가브리엘 샤넬이 디자인한 옷 덕분에 여성들은 불편한 옷에서 [해방 / 속박] 되었어요.

2 다음 그림 중 가브리엘 샤넬이 디자인한 옷과 가까운 것은 무엇일까요?

①  ②  ③

3 이 글을 읽고 다음의 문장이 맞으면 ○표, 틀리면 X표를 하세요.

① 샤넬은 부유한 가정에서 태어났어요. (   )
② 샤넬의 옷을 입기 위해서는 허리를 조이는 코르셋이 필요했어요. (   )
③ 샤넬의 옷은 활동적이면서도 우아했어요. (   )
④ 샤넬의 옷은 창조적이고 혁신적인 디자인으로 20세기 여성 패션을 선도했어요. (   )
⑤ 샤넬은 공로를 인정받아 죽은 이후 프랑스에 묻혔어요. (   )

상식 플러스

1900년대 여성 패션을 선도했던 곳은 프랑스 파리였고, 남성 패션은 영국의 런던이 주도했어요. 특히 남성들은 다양한 디자인의 모자로 한껏 멋을 부렸죠. 장소와 상황에 따라 챙의 길이와 굴곡, 높이와 형태가 다양한 모자를 즐겼답니다.

@레오나르도 다 빈치

#르네상스천재 #최후의만찬 #모나리자 #원근법 #초인적인물

다재다능 만능 천재 예술가
레오나르도 다 빈치

레오나르도 다 빈치(Leonardo da Vinci)
1452~1519년
출생지: 이탈리아
직업: 예술가, 철학가, 과학자, 공학자

'르네상스를 대표하는 예술가.' 이 한마디로 레오나르도 다 빈치를 표현하기에는 턱없이 부족해요. 그는 해부학, 수학, 물리학, 군사학, 철학, 음악, 미술 등 여러 분야에서 굵직한 업적을 남겼어요. 어릴 때부터 수학을 비롯한 여러 학문을 배웠고, 음악과 미술 등에서도 두각을 나타냈죠.

그의 주요 업적 중 하나인 '원근법'은 수학적 능력과 미술이 만나서 탄생한 결과예요. 원근법은 가까이 있는 물체는 크고 사실적으로 보이고, 멀리 있는 물체는 작고 뿌옇게 보이도록 그리는 회화 기법이죠. 원근법을 잘 보여 주는 작품이 바로 <모나리자>예요. 원근법과 황금비로 완벽한 구도를 보여주는 <최후의 만찬>도 다 빈치의 대표작입니다.

그는 사람의 신체 구조와 비율에도 관심이 많았어요. 당시 해부는 금지된 일이었지만, 화가는 해부학에 무지하면 안 된다고 믿었죠. 그가 남긴 해부도는 너무나도 정확하고 세밀해서 의학계에 지대한 영향을 미쳤답니다.

평소 레오나르도 다 빈치는 메모하는 습관을 갖고 있었던 것으로도 유명합니다. 그가 남긴 1만 3,000쪽에 달하는 노트에는 오늘날의 탱크와 낙하산, 수력발전기, 잠수함, 증기기관, 습도계 등의 아이디어들이 남겨져 있어요. 그가 얼마나 천재적인 생각을 가졌던 사람인지 알 수 있죠.

모나리자

최후의 만찬

어휘 플러스

- **두각**: 짐승의 머리에 있는 뿔. 뛰어난 학식이나 재능을 비유적으로 이르는 말.
- **만찬**: 저녁 식사로 먹기 위하여 차린 음식.
- **해부학**: 생물체 내부의 구조와 기구를 연구하는 학문.

세계를 감동시킨 예술인

1 이 글을 읽고 다음 [ ] 안에 들어갈 말을 채워 보세요.

[ㄹ ㅇ ㄴ ㄹ ㄷ ㄷ ㅂ ㅊ]는 르네상스의 천재, 르네상스 대표 예술가입니다.

정답 ☐☐☐☐ ☐ ☐☐

2 다음 중 '원근법'과 관련된 설명을 <u>잘못</u> 말한 사람은 누구인가요?

① 가까이 있는 물체는 크게, 멀리 있는 물체는 작게 표현하는 기법이야.
② 원근법의 표현은 레오나르도 다 빈치의 주요 업적이야.
③ <모나리자>는 원근법이 잘 표현된 작품이지.
④ 가까이 있는 물체는 흐릿하고, 멀리 있는 물체는 또렷하게 표현하지.

3 다음 중 레오나르도 다 빈치의 작품이 <u>아닌</u> 것은 무엇일까요?

①    ②    ③

상식 플러스

<모나리자>는 전 세계에서 가장 유명한 작품 중 하나인데요, 사실 도난 사건으로 더 유명해졌습니다. 루브르 박물관에 보관 중이던 작품이 도난당하자 언론이 주목하고 세계인의 관심이 집중되었지요. 그 일로 이전보다 훨씬 더 유명한 작품이 되었어요.

#이탈리아조각가 #이탈리아화가 #피에타 #천지창조 #최후의심판 #다비드

조각과 회화, 건축까지 종합 예술인
미켈란젤로

미켈란젤로 부오나로티(Michelangelo Buonarroti)
1475~1564년
출생지: 이탈리아
직업: 조각가, 화가, 건축가

미켈란젤로는 르네상스 미술을 이끈 3대 거장 중 한 명입니다. 그의 천재적인 작품들은 이탈리아를 예술의 도시로 만든 원동력이라고 해도 과언이 아니죠. 그는 아름다운 조각 작품을 많이 남겼어요.

5.5미터에 달하는 거대한 대리석을 다듬어 만든 <다비드>는 사람의 몸을 가장 아름답게 표현한 작품이라 칭송받습니다. 바티칸의 성 베드로 대성당에 가면 성모 마리아가 죽은 예수 그리스도를 안고 비통해하는 모습을 표현한 <피에타>가 있어요. 그의 수작으로 꼽히는 <피에타>는 유일하게 자신의 이름을 새긴 작품이에요. 이 조각에 이름을 남긴 덕분에 유명세를 얻었지만 그는 이후 이 행동을 후회하고 어느 작품에도 다시는 자신의 이름을 남기지 않았다고 해요. '신은 이 세상을 창조하고도 어디에도 이름을 남기지 않았는데, 나는 나를 증명하고자 이름을 남겼구나.' 그는 이렇게 생각하며 자신의 오만함을 부끄럽게 여겼다고 전해집니다.

바티칸 시스티나 성전의 천장화 가운에 하나인 <천지창조>는 대표적인 회화 작품이에요. 시스티나 성전의 천장화는 구약 성경의 여러 장면들을 그린 것으로, 길이 41미터에 폭 13미터에 달하는 엄청난 규모를 자랑한답니다. 미켈란젤로는 이 작품을 그리는 동안 교황은 물론이고 그 누구의 출입도 허락하지 않은 채 무려 4년 동안 홀로 그림 작업에만 몰두했어요. 그는 높은 사다리를 타고 천장 밑 작업대에 올라가 고개를 젖힌 채 그림을 그려야 했기 때문에 목과 등이 굽어졌죠. 그리고 천장에서 떨어지는 물감 때문에 눈이 흐려질 정도였다고 합니다.

그는 60대가 되어서도 다시 붓을 들었어요. 8년에 걸쳐 완성한 시스티나 성전의 벽화 <최후의 심판>을 그린 것입니다. 그 외에도 그는 성 베드로 성당의 건축에도 참여해 돔 설계와 제작을 맡았지만, 완성되는 걸 보지 못한 채 89세의 나이로 세상을 떠났어요.

어휘 플러스

- **칭송**: 칭찬하여 일컬음. 또는 그런 말.
- **비통하다**: 몹시 슬퍼서 마음이 아프다.
- **수작**: 우수한 작품

세계를 감동시킨 예술인

1 다음 중 미켈란젤로의 작품을 <u>모두</u> 찾아 색칠하세요.

(다비드)　(천지창조)　(모나리자)　(피에타)

2 미켈란젤로의 대표적인 조각 작품 <다비드>와 <피에타>의 재료는 무엇인가요?

① 나무
② 대리석
③ 철재
④ 흙

3 다음 중 미켈란젤로가 유일하게 서명을 남긴 작품은 무엇인가요?

① <다비드> 조각상　　　② <천지창조> 천장화

③ <최후의 심판> 벽화　　　④ <피에타> 조각상

> **상식 플러스**
>
> 르네상스는 15~16세기경 고대 그리스·로마 문화의 부흥을 통해 새로운 문화를 창출하는 운동을 말해요. 이 시대의 예술을 이끈 천재적인 '르네상스 3대 거장'으로는 미켈란젤로 부오나로티, 레오나르도 다 빈치, 라파엘로 산치오를 꼽아요.

#영국4인조밴드 #전설적록밴드 #렛잇비

대중음악의 역사를 바꾸다
비틀즈

비틀즈(The Beatles)
활동 시기: 1959~1970년
출신: 영국
직업: 록·팝 음악 밴드

비틀즈의 음악은 이전과 달랐어요. 비틀즈는 작사와 작곡을 직접 했고, 아름다운 화음과 솔직한 노랫말로 주목을 받았죠. 각 멤버가 드럼과 베이스, 리드 기타, 리듬 기타를 연주하면서 모두가 노래를 불러 완벽한 앙상블을 만들어 냈답니다. 비틀즈는 1960년대 이후 전 세계 대중음악의 역사를 바꾼 록 밴드였어요.

영국의 록 밴드 비틀즈가 1964년 미국에 처음 방문했는데, 영국을 떠나는 순간부터 미국에 도착하기까지 일거수일투족이 생생하게 중계되었어요. 그들이 출연한 TV 프로그램은 당시 최고의 시청률을 기록했고, 방송이 나가는 동안에는 미국의 10대가 일으킨 범죄가 단 한 건도 없을 정도로 모두가 그들을 주목했대요. 1960년대 비틀즈는 세계 젊은이들의 우상이었어요.

비틀즈는 1962년 데뷔 앨범 <러브 미 두(Love Me Do)>로 시작하여 1970년 마지막 앨범 <렛 잇 비(Let It Be)>를 남기고 해산하기까지 수많은 곡을 남겼어요. 그들은 발표하는 곡마다 큰 인기를 끌었죠. 10여 년의 활동 기간 동안 6억 장 이상의 앨범을 판매했고, '빌보드 200에서 132주간 1위를 기록해 최장기간 누적 1위'라는 전례 없는 기록을 세웠죠. 그들의 음악은 아직도 변함없이 전 세계인의 사랑을 받고 있어요.

비틀즈가 활동한 1960년대는 대중문화가 꽃피는 시기였어요. 기술의 발달과 대량 생산으로 소비가 늘고 경제가 번영하기 시작했죠. 생활에 여유가 생긴 사람들은 텔레비전 앞에서 노래를 흥얼거렸고, 음악과 스포츠, 관광과 패션 등에 관심을 갖기 시작했답니다. 비틀즈의 등장은 변화한 사회 속에서 '대중문화의 상징'으로서 큰 의미를 가졌어요.

어휘 플러스

- **일거수일투족**: 손 한 번 들고 발 한 번 옮긴다는 뜻으로, 크고 작은 동작 하나하나를 이르는 말.

세계를 감동시킨 예술인

1 이 글을 읽고 다음 [ ] 안에 들어갈 말을 채워 보세요.

영국 출신의 4인조 록 밴드인 [   ]는 [   ]년대 전 세계 대중음악의 역사를 바꿨습니다.

정답 ☐☐☐ , ☐☐☐☐

2 다음 중 비틀즈와 관련된 키워드와 어울리는 설명을 골라 선으로 연결해 보세요.

① 4인조 밴드 •　　　　　• 가) 존 레넌, 폴 매카트니, 조지 해리슨, 링고 스타

② 렛 잇 비(Let It Be) •　　• 나) 비틀즈의 데뷔 앨범 이름

③ 러브 미 두 •　　　　　　• 다) 비틀즈의 마지막 앨범 이름
(Love Me Do)

3 다음의 낱말 중 '비틀즈'와 관련 있는 것을 <u>모두</u> 찾아 색칠해 보세요.

| 재즈음악 밴드 | 록 밴드 | 렛 잇 비 |
| 영국 출신 | 1990년대 스타 | 4인조 밴드 |

상식 플러스

비틀즈는 팝 역사에 여러 기록을 남겼답니다.
- 전 세계에서 가장 많은 앨범을 판매한 그룹: 약 6억 장(출처: ChartMasters)
- 빌보드200 누적 최장기간 1위: 총 132주(출처: 위키피디아 빌보드 200)

〈정답〉 1 비틀즈, 1960 2 1-가, 2-다, 3-나 3 록 밴드, 렛 잇 비, 영국 출신, 4인조 밴드　17

@빈센트 반 고흐

#별이빛나는밤 #해바라기 #귀를자른화가

살아생전 팔린 작품은 단 한 점
빈센트 반 고흐

빈센트 반 고흐(Vincent van Gogh)
1853~1890년
출생지: 네덜란드 / 활동지: 프랑스
직업: 화가

　<별이 빛나는 밤>, <해바라기>, <고흐의 방>, <감자 먹는 사람들> 그리고 수많은 자화상들. 고흐의 그림은 한눈에도 알아볼 수 있을 만큼 그만의 독특한 특징이 살아 있어요. 거칠고 생동감 넘치는 붓 자국은 보는 이에게 강한 에너지와 움직임을 느끼게 하고, 노랑, 초록, 파랑 같은 색감 대비는 몽환적이면서도 인상적인 분위기를 전해줍니다. 오늘날 전 세계 사람들이 그의 작품을 사랑하지만, 생전의 고흐는 단 한 점의 그림만 팔렸을 정도로 인기가 없었어요. 그림이 팔리지 않아 생활고를 겪었고 불안정한 마음으로 우울한 시기를 보내기도 했죠.

　고흐와 관련된 많은 이야기는 동생 테오와 15년 동안 주고받은 편지 속에 고스란히 남아 있어요. 테오는 화랑에서 일하며 형의 생활비를 꾸준히 지원했고, 세상 사람들이 고흐의 그림을 외면할 때도 늘 그를 지지하고 응원했어요. 두 사람이 오랜 시간 나눈 편지가 전해지면서 우리는 고흐가 어떤 생각을 했고 어떤 감정을 품고 살았는지를 더 깊이 이해할 수 있게 되었답니다.

　고흐는 프랑스 남부에서 활동할 때 화가 폴 고갱과 한집에 살며 교류한 적이 있어요. 하지만 둘은 성격과 예술적 방향에서 큰 차이를 보이며 자주 갈등을 겪었죠. 어느 날 고갱이 집을 떠나겠다고 하자 고흐는 심한 불안 속에서 자신의 귀를 자르는 극단적인 행동까지 했어요. 당시 그는 정신적으로 매우 불안정한 상태였고, 그 사건은 귀에 붕대를 감은 자화상으로도 남아 있습니다. 이후 고흐는 정신병원에 입원했는데 입원 중에도 그림을 멈추지 않았어요. 창문 너머로 바라본 밤하늘에 상상력을 더해 완성한 작품이 바로 <별이 빛나는 밤>이에요. 이 그림은 고흐가 세상을 떠난 후에야 빛을 발하며, 오늘날 그의 대표작으로 많은 사랑을 받고 있어요.

어휘 플러스

- **몽환적**: 현실이 아닌 꿈이나 환상과 같은 것.
- **생활고**: 경제적인 곤란으로 겪는 생활상의 괴로움.

세계를 감동시킨 예술인

1 다음 [ ] 안에 들어갈 말을 골라 ○표를 하세요.

빈센트 반 고흐의 작품은 [매끈한 / 거친] 붓칠과 [강렬한 / 부드러운] 색감의 대비가 특징입니다.

2 다음 중 고흐가 남긴 작품이 <u>아닌</u> 것은 무엇인가요?

①  ②  ③  ④

3 이 글을 읽고 다음 중 고흐에 대한 설명으로 <u>틀린</u> 것을 고르세요.

① 그의 작품은 거친 붓 자국과 강렬한 색감 대비로 살아생전 인기가 많았어요.
② 동생 테오와 나눈 편지로 그의 생각과 감정을 이해할 수 있어요.
③ 대표작으로 <해바라기>, <별이 빛나는 밤>, <자화상> 등이 있어요.
④ 고갱과 함께 지내다 다툰 후 귀를 자른 사건이 있었어요.

상식 플러스

안타깝게도 고흐는 서른일곱 살이라는 젊은 나이에 생을 마감했어요. 늦은 나이에 그림을 시작해 10년 동안 수많은 작품을 그렸지만, 단 한 점만 팔릴 정도로 인기가 없었죠. 사람들은 그가 세상을 떠난 뒤에야 그의 작품에 주목하기 시작했답니다. 그리고 동생 테오와 15년간 주고받은 편지가 책으로 엮이며, 세상은 더욱 고흐의 삶과 예술에 매료되었죠. 그는 오늘날 가장 높은 예술적 가치를 인정받는 화가 중 한 사람이 되었어요.

@스티븐 스필버그

#죠스 #E.T. #쥬라기공원 #라이언일병구하기 #드림웍스창업

블록버스터 영화의 창시자
스티븐 스필버그

스티븐 스필버그(Steven Spielberg)
출생지: 1946년~
출신: 미국
직업: 영화감독

스티븐 스필버그 감독의 이름을 세계적으로 알리게 만든 영화는 1975년 개봉한 <죠스>입니다. 식인 상어를 소재로 한 이 영화는 제작과 흥행 모두 큰 성공을 거두었어요. 특히 이 영화를 계기로 '블록버스터 영화'의 시대가 열렸다고 평가받습니다.

이후 그는 영화사에 한 획을 긋는 작품들을 잇달아 만들어 냈어요. 1982년에 개봉한 <E.T.>는 한적한 마을에 나타난 외계인과 삼 남매의 우정과 교감을 감성적으로 그려 낸 작품입니다. 컴퓨터 그래픽과 특수효과 기술을 활용해 상상 속 이야기를 생생하게 구현했죠. 이 영화는 온 가족이 함께 즐길 수 있는 영화의 흐름을 만들었고, 전 세계에서 흥행 기록도 세웠어요.

그는 <인디아나 존스> 시리즈와 <쥬라기 공원>을 통해 판타지와 모험 영화의 가능성을 넓혔고, <쉰들러 리스트>와 <라이언 일병 구하기>에서는 참혹한 전쟁과 역사를 사실적으로 그려 깊은 울림을 주었어요. 또한 어린이들이 좋아하는 애니메이션 <슈렉>과 <쿵푸 팬더>를 제작한 '드림웍스'의 설립에도 참여했죠. 스필버그는 새로운 영화 시대를 연 동시에 영화 산업 전반에 큰 영향을 끼친 감독입니다.

어휘 플러스

- **참혹**: 비참하고 끔찍함.

세계를 감동시킨 예술인

1 다음 빈칸에 들어갈 말을 이 글에서 찾아 쓰세요.

영화감독 스티븐 스필버그의 영화 <죠스>를 시작으로 [ㅂㄹㅂㅅㅌ] 영화의 시대가 열렸어요.

정답 ☐☐☐☐☐

2 다음 중 스티븐 스필버그에 대한 설명으로 <u>틀린</u> 것을 고르세요.

① 영화 <죠스>는 블록버스터 영화의 시작이에요.
② 영화 <E.T.>는 가족이 함께 볼 수 있는 영화예요.
③ 스티븐 스필버그는 드림웍스 회사에서 <쿵푸 팬더>를 직접 그렸어요.
④ 영화 <라이언 일병 구하기>는 전쟁을 사실적으로 묘사했어요.

3 영화 <E.T.>와 관련된 내용으로 맞으면 ○표, 틀리면 X표를 하세요.

① 외계인의 지구 침략 이야기를 다뤘어요. (   )
② 컴퓨터 그래픽과 특수효과를 활용해서 만들었어요. (   )

상식 플러스

지금은 여름이 블록버스터 영화의 시즌이에요. 하지만 1970년대에는 달랐어요. 여름에 영화관은 에어컨이 없거나 약해서 너무 더운 탓에 사람들이 극장에 가지 않았어요. 당연히 영화사들도 여름에는 영화 개봉을 하지 않았죠. 그런데 1975년 영화 <죠스>가 그 판도를 바꿔 놓았어요. 여름철에 영화관에 관객이 몰려오는 새로운 흐름을 만들어 낸 거죠.

@안토니오 가우디

#천재건축가 #건축에자연을담다 #사그라다파밀리아성당

자연을 건축에 담아내다
안토니오 가우디

안토니오 가우디(Antoni Gaudíi Cornet)
1852~1926년
출생지: 스페인
직업: 건축가

안토니오 가우디는 스페인의 유명한 건축가예요. 그가 설계한 건축물은 곡선미를 강조하고, 자연과의 조화를 중요하게 여겼어요. 동물의 뼈나 잎사귀, 나무, 꽃의 형태를 유심히 관찰해 그 특징을 건축에 담아냈답니다. 그는 다양한 색을 사용하고, 건축물 주변의 재료를 적극 활용해 건물을 지으며 건축을 자연의 일부로 여겼어요.

실제로 그의 역작 사그라다 파밀리아 성당을 보면 기둥은 마치 나무의 줄기처럼 뻗어 올라가고 천장은 잎사귀가 하늘을 덮은 듯하죠. 마치 숲속에 들어와 있는 듯한 신비로운 느낌을 줍니다. 빛의 사용도 매우 예술적이에요. 거대한 스테인드글라스를 통해 들어오는 자연광은 색색의 빛으로 환상적인 분위기를 만들어 주죠. 건물 외관에는 성경 속 이야기를 조각으로 형상화해 생생하게 표현해 놓았어요. 고딕 양식의 날카로운 첨탑, 바로크 양식의 화려한 장식, 모더니즘의 단순한 형태가 어우러져 독창적인 성당 건축을 완성했답니다. 이 밖에도 구엘 공원, 카사 바트요, 카사 밀라 같은 건물들에서도 가우디 특유의 예술성과 독특함을 느낄 수 있어요.

가우디는 평소 작업에 깊이 몰두해 외모에는 거의 신경 쓰지 않았다고 해요. 사그라다 파밀리아 성당을 짓고 있던 어느 날, 그는 허름한 옷차림으로 길을 걷다가 안타깝게도 교통사고를 당하고 맙니다. 하지만 너무 초라한 행색 탓에 사람들이 그를 알아보지 못했고, 병원으로 이송된 뒤에도 그가 유명한 건축가라는 사실을 알아채는 데 시간이 걸렸다고 해요.

결국 가우디는 사고를 당한 지 3일 만에 세상을 떠났고, 완성하지 못한 사그라다 파밀리아 성당의 지하에 묻히게 되었어요. 그는 생전에 "내 고객은 서두르지 않는다."라고 말하며 천천히 성당을 완성해 갔죠. 그리고 오늘날에도 여전히 수많은 사람이 이 위대한 건축물을 보기 위해 바르셀로나를 찾고 있답니다.

어휘 플러스

- **행색**: 겉으로 드러나는 차림이나 태도.
- **이송**: 다른 데로 옮겨 보냄.

세계를 감동시킨 예술인

1 다음 빈칸에 들어갈 알맞은 말을 이 글에서 찾아 쓰세요.

안토니오 가우디가 설계하고 아직도 미완성인 성당의 이름은
[ㅅㄱㄹㄷ ㅍㅁㄹㅇ]입니다.

정답 ☐☐☐☐ ☐☐☐☐

2 다음 중 가우디가 건축한 건물이 <u>아닌</u> 것을 고르세요.

① 　② 　③ 　④

3 다음 중 가우디에 대한 설명으로 <u>틀린</u> 것을 고르세요.

① 가우디의 작품은 곡선미를 강조했어요.
② 사그라다 파밀리아 성당은 100년 전에 완성되었어요.
③ 대표적인 건축물로 구엘 공원, 카사 바트요, 카사 밀라 등이 있어요.
④ 가우디는 현재 사그라다 파밀리아 성당에 묻혀 있어요.

상식 플러스

사그라다 파밀리아 성당은 1882년부터 짓기 시작했지만 아직 완공되지 않았습니다. 왜 이렇게 오랜 시간이 걸리는 걸까요? 워낙 복잡한 구조라 건축하기 어려운 점도 있었고, 건축 자금 부족, 스페인의 내전으로 인한 공사 중단 등 여러 가지 문제가 있었기 때문이에요. 하지만 지금은 기술의 발전 덕분에 공사가 빠르게 진행되고 있죠. 가우디 사망 100주년인 2026년 완공을 목표로 하고 있다고 해요.

#팝아트선구자 #캠벨수프 #샷세이지블루마릴린

대중미술과 순수미술의 경계를 허물다
앤디 워홀

앤디 워홀(Andy Warhol)
1928~1987년
출생지: 미국
직업: 화가, 영화 제작자

앤디 워홀은 대중미술과 순수미술의 경계를 무너뜨리고, 미술뿐만 아니라 영화, 광고, 디자인 등 시각예술 전반에서 혁신적인 변화를 이끈 인물이에요. 일상을 예술로 바꾼 화가였으며 현대 미술을 대표하는 아이콘으로 통하죠.

앤디 워홀은 대학 졸업 후 광고 디자인과 제품 디자인을 맡는 상업 미술가로 활동했어요. 실력을 인정받아 잡지에 기사가 실리며 서서히 이름을 알렸고, 조금씩 자리를 잡아 갔죠. 하지만 상업 미술가로 활동하던 그는 순수미술에 대한 채워지지 않는 갈증을 느꼈어요. 그렇다고 기존의 순수미술과 같은 길을 따르지는 않았죠. '코카콜라', '캠벨 수프 통조림', '바나나'처럼 일상에서 흔히 볼 수 있는 친숙한 물건들과 '마릴린 먼로', '마이클 잭슨' 같은 유명 인물들의 초상화를 자기만의 방식으로 새롭게 표현했어요.

그리고 이 작품들을 누구나 감상할 수 있도록 '실크스크린' 기법을 활용해 대량으로 제작했어요. 실크스크린은 실크 천에 잉크를 밀어 넣어 인쇄하는 방식인데, 판화처럼 찍어 낼 수 있어서 대량 생산이 가능하고 인쇄 품질이 일정하다는 장점이 있어요. 작가의 손이 직접 닿지 않아도 기계를 통해 작품을 제작할 수 있다는 점, 그리고 대담하고 선명한 색채, 반복적인 이미지의 활용은 워홀의 작품을 대표하는 특징이죠. 그는 예술을 소수만의 것이 아닌 대중 모두가 향유할 수 있는 영역으로 확장해 낸 행보로도 높이 평가받고 있답니다.

마릴린 먼로

어휘 플러스

- **아이콘:** 어떤 분야를 대표하거나 그 분야에서 최고인 사람, 사물 등을 이르는 말.
- **행보:** 걸음을 걸음. 또는 그 걸음.

세계를 감동시킨 예술인

1 다음 중 앤디 워홀의 작품을 설명하는 표현으로 알맞은 낱말 3개를 골라 ○표 하세요.

[반복적]　　　[고전적]　　　[대담한]　　　[진부한]　　　[혁신적]

2 아래의 학생들이 설명하는 것에 해당하는 낱말을 본문에서 찾아 쓰세요.

[학생1] 실크 천에 잉크를 밀어 찍어 내는 기법이야.
[학생2] 앤디 워홀은 이 기법을 활용해서 작품을 대량 생산했지.
[학생3] 판화의 원리를 활용한 것이야.

정답 ☐☐☐☐☐

3 이 글을 읽고 다음 중 앤디 워홀에 대한 설명으로 옳은 것을 고르세요.

① 주변에서 흔히 볼 수 있는 소재를 활용했어요.
② 유명한 연예인들의 초상화를 마치 사진처럼 사실적이고 섬세하게 그렸어요.
③ 오로지 순수미술에만 한평생을 바쳤어요.
④ 고전미술의 대표적인 화가예요.

상식 플러스

앤디 워홀의 〈샷 세이지 블루 마릴린〉은 2022년 5월 우리나라 돈으로 약 2,500억 원에 낙찰되면서 20세기에 만들어진 작품 중 가장 비싼 작품이 되었어요. 이 작품은 권총 발사 사건으로 더욱 특별해졌죠. 작품 제목에 '샷'이 들어간 이유도 그 때문입니다. 어느 날 행위 예술가 도로시 포드버라는 사람이 워홀의 스튜디오를 방문해 먼로의 작품들을 겹쳐 세워 달라고 부탁했대요. 그러고는 난데없이 작품에 권총을 발사했다고 합니다. 이 작품은 각기 다른 다섯 가지 색상으로 제작된 시리즈입니다. 이 총격 사건으로 두 점이 훼손되었고, 남은 세 점 중 하나가 바로 〈샷 세이지 블루 마릴린〉이랍니다. 이처럼 특별한 이야기와 희소성 덕분에 이 작품은 더욱 높은 가치를 인정받았죠.

@파블로 피카소

#입체주의화가 #20세기천재화가 #아비뇽의여인들 #게르니카 #한국에서의학살

입체주의 미술의 창시자
파블로 피카소

파블로 피카소(Pablo Ruiz Picasso)
1881~1973년
출생지: 스페인
직업: 예술가

　어려서부터 뛰어난 그림 실력으로 미술 콩쿠르에서 상을 휩쓸고, 20대에 프랑스에서 열린 개인전에서도 실력을 인정받았던 피카소였지만 <아비뇽의 여인들>을 본 사람들의 반응은 싸늘했어요. "이게 도대체 무슨 그림이야?" "전시회에 이런 괴상한 그림을 걸어 놓다니 정신 나간 거 아니야?" 피카소는 작품 대상을 원뿔이나 원통 등의 형태로 분해하고 재구성한 뒤, 여러 방향에서 본 입체적인 모습을 그림으로 그렸답니다. 사물을 앞모습과 뒷모습, 옆모습의 조각들로 평면에 그려 넣었죠. 이렇게 새로운 시도를 통해 그린 <아비뇽의 여인들>은 최초의 입체주의 작품이 되었어요.

　피카소는 한국전쟁을 주제로 한 그림도 남겼어요. <한국에서의 학살>을 보면 그림의 오른쪽에 갑옷을 입은 군인들이 총칼을 겨누고 있고, 왼쪽에는 발가벗겨진 여인들과 아이들이 공포와 체념에 찬 표정으로 서 있어요. 매우 처참하고 충격적인 장면이 담겨 있죠.

　피카소의 출생지인 스페인의 내전을 다룬 <게르니카> 벽화도 대표적인 작품이에요. 이 작품은 전쟁의 비극성을 알리고, 대량 학살의 잔혹성을 폭로하는 피카소의 대표적인 반전 작품입니다. 이 작품은 제2차 세계대전 이후 오랫동안 미국의 뉴욕 미술관에 전시되어 있었죠. 하지만 피카소의 유언에 따라 조국인 스페인에 반환되었어요.

아비뇽의 여인들

한국에서의 학살

게르니카

> **어휘 플러스**

- **학살**: 가혹하게 마구 죽임.
- **내전**: 한 나라 안에서 일어나는 싸움.
- **반전**: 전쟁을 반대함.

세계를 감동시킨 예술인

1 다음 빈칸에 들어갈 말을 이 글에서 찾아 쓰세요.

파블로 피카소는 [ㅇㅊㅈㅇ] 미술을 창시했습니다.

정답 ☐☐☐☐

2 다음 중 피카소의 미술 작품이 <u>아닌</u> 것은 무엇일까요?

①  ②  ③

3 피카소와 관련된 키워드와 설명이 어울리는 것을 골라 선으로 연결해 보세요.

① 한국에서의 학살 •   • 가) 한국전쟁을 주제로 한 작품도 남겼어.
② 게르니카 •   • 나) 스페인 내전을 통해 전쟁의 비극성을 알렸어.
③ 아비뇽의 여인들 •   • 다) 입체주의 미술의 최초 작품이야.

상식 플러스

2016년까지 미술품 경매시장에서 가장 비싼 가격에 팔린 작품은 바로 피카소의 〈알제의 여인들〉이었어요. 당시 약 1억 8,000만 달러, 현재 우리 돈으로 약 2,400억 원에 달하는 금액에 거래됐었죠. 하지만 현재는 역대 3위로 내려갔어요. 현재 기준으로 역대 가장 비싸게 팔린 그림 1위는 레오나르도 다 빈치의 〈살바토르 문디〉예요. 2017년 경매에서 약 4억 5,000만 달러(한화 약 6,210억 원)에 팔렸어요. 2위는 2022년 약 1억 9,500만 달러(한화 약 2,700억 원)에 거래된 앤디 워홀의 〈샷 세이지 블루 마릴린〉이랍니다.

▼ 세상을 바꾼 리더

@나폴레옹

#프랑스제1통령 #셀프황제즉위 #개혁자 vs.독재자

가난한 평민에서 황제가 되다
나폴레옹

나폴레옹(Napoléon I)
1769~1821년
출생지: 프랑스
직업: 프랑스 정치인, 군인

　　　　　　가난한 평민 출신의 젊은 장교 나폴레옹은 프랑스 혁명으로 나라가 혼란에 빠져 있을 때 전투에서 잇따라 승리를 거두며 전쟁영웅으로 떠올랐어요. 그 여세를 몰아 프랑스 제1의 통치자가 되었고 마침내 스스로 황제에 즉위했답니다. ㉠이후에도 나폴레옹은 유럽 국가들을 하나하나씩 정복해 나가며 유럽의 판도를 바꾸는 인물이 되었어요.

　하지만 운명은 그에게 영원한 승리를 허락하지 않았죠. 대군을 이끌고 러시아를 침공했을 때 러시아군은 계속해서 후퇴만 했고, 나폴레옹은 그들을 뒤쫓아 모스크바까지 진격했어요. 그러나 도시는 이미 텅 비어 있었고, 곳곳은 불타 버렸으며, 식량도 남아 있지 않았어요. 러시아는 후퇴하면서 불태우는 전략으로 나폴레옹을 유인했던 거예요. 혹독한 겨울이 닥치자 식량 없이 텅 빈 도시에 남은 나폴레옹의 군대는 극심한 추위와 굶주림에 시달리게 되었고, 결국 많은 병사를 잃으며 참담한 패배를 겪었어요.

　러시아 전쟁의 실패로 나폴레옹은 엘바섬에 유배되었지만, 얼마 지나지 않아 100일 동안 다시 황제로 복귀하기도 했죠. 그러나 벨기에의 워털루 전투에서 또다시 결정적인 패배를 당하며, 결국 세인트헬레나섬으로 유배되어 생을 마감하게 되었답니다. 나폴레옹을 바라보는 평가는 오늘날까지도 분분해요. 어떤 사람들은 그를 천재적인 군사 지도자이자 법과 질서의 개혁자로 기억하고, 또 어떤 이들은 전쟁에 중독된 독재자로 여기죠.

어휘 플러스

- **여세:** 어떤 일을 겪은 다음의 나머지 세력이나 기세.

세상을 바꾼 리더

1 다음 빈칸에 들어갈 나라 이름을 이 글에서 찾아 쓰세요.

나폴레옹은 [ㅍㄹㅅ]의 군인이자 제1통령이며 황제를 지낸 인물입니다.

정답 ☐☐☐

2 이 글을 읽고 다음 내용이 일어난 순서대로 기호를 쓰세요.

㈎ 전쟁의 승리로 영웅이 되어 스스로 황제에 올랐어요.
㈏ 워털루 전투에서 져서 세인트헬레나섬에 유배되었어요.
㈐ 러시아와의 전쟁에서 참패했어요.

( ) ➡ ( ) ➡ ( )

3 이 글의 밑줄 친 ㉠과 어울리는 사자성어는 무엇인가요?

① 다다익선(多多益善): 많으면 많을수록 더욱 좋음.
② 결초보은(結草報恩): 죽은 뒤에라도 은혜를 잊지 않고 갚음을 이르는 말.
③ 승승장구(乘勝長驅): 싸움에 이긴 형세를 타고 계속 몰아침.

상식 플러스

독일의 천재적 음악가 베토벤은 나폴레옹을 찬양하는 제3교향곡 〈영웅〉을 작곡했어요. 그는 자유와 평등, 혁명의 이상을 위해 싸우는 나폴레옹을 진정한 시대의 영웅이라 여겼던 거죠. 하지만 나폴레옹이 스스로 황제의 자리에 올랐다는 소식을 듣는 순간, 베토벤은 큰 실망에 빠지고 곧바로 악보의 첫 장을 찢어 버리죠. 독재자가 된 나폴레옹을 못마땅하게 여겼기 때문이에요.

@넬슨 만델라

#흑인인권운동가 #노벨평화상 #남아프리카공화국대통령 #투쟁은나의인생

흑인 차별에 맞서다
넬슨 만델라

넬슨 만델라(Nelson Rolihlahla Mandela)
1918~2013년
출생지: 남아프리카공화국
직업: 정치인, 흑인 인권 운동가

"가장 위대한 무기는 평화다."
"인생의 가장 큰 영광은 결코 넘어지지 않는 것이 아니라, 넘어질 때마다 일어서는 것이다."
"용기 있는 사람은 두려움을 느끼지 않는 것이 아니라, 두려움을 압도하며 뛰어넘는 사람이다."

이는 모두 흑인 차별에 맞서 투쟁한 넬슨 만델라가 남긴 말이에요. 1950년대 남아프리카공화국에서 흑인들은 백인들이 이용하는 병원과 학교에 출입조차 할 수 없었어요. 백인들이 타는 버스에도 탈 수 없었고, 백인과 흑인의 결혼도 불가능한 일이었죠. 당시 변호사였던 넬슨 만델라는 이런 흑인 차별 정책에 반대해 법정뿐만 아니라 시위 현장에도 나가 투쟁했어요. 비폭력·불복종 운동을 펼친 그의 영향력은 점차 커졌고, 저항 조직도 더 강력해졌어요. 급기야 남아프리카공화국 정부는 그를 감옥에 가뒀죠. 하지만 그는 감옥에서도 끊임없이 편지를 써서 전 세계에 남아프리카공화국 정부의 부당함을 알렸답니다.

1974년 유엔(UN) 가입국들은 남아프리카공화국의 인종차별 정책을 비난하며 교역을 끊었어요. 당시에 전 세계적인 흑인 차별 금지 여론도 거셌죠. 마침내 1990년, 27년의 감옥 생활 끝에 넬슨 만델라가 석방됐어요. 남아프리카공화국의 흑인 차별 정책도 철폐되었죠. 옥중 투쟁으로 세계 인권의 상징이 된 그는 노벨 평화상을 수상했어요. 그리고 투표를 통해 남아프리카공화국 최초의 흑인 대통령이 되었답니다.

넬슨만델라 기념 벽화

어휘 플러스

- **교역**: 주로 나라와 나라 사이에서 물건을 사고팔고 하여 서로 바꿈.
- **석방**: 법에 의해 구속하였던 사람을 풀어 자유롭게 하는 일.
- **철폐**: 전에 있던 제도나 규칙 따위를 걷어치워서 없앰.

세상을 바꾼 리더

1 다음 빈칸에 들어갈 말을 이 글에서 찾아 쓰세요.

넬슨 만델라는 남아프리카공화국의 [ㅎ ㅇ ㅊ ㅂ ㅈ ㅊ]에 맞서 투쟁했어요.

정답 ☐ ☐ ☐ ☐ ☐ ☐

2 다음 중 1950년대 남아프리카공화국 흑인의 생활과 맞지 않는 것을 고르세요.

① 병원이나 학교 같은 공공시설은 백인과 함께 이용했어요.
② 백인들이 탄 버스는 탈 수 없었어요.
③ 흑인과 백인은 결혼할 수 없었어요.
④ 흑인은 백인들에게 차별을 받았어요.

3 다음 중 넬슨 만델라를 대표하는 키워드를 모두 찾아 색칠해 보세요.

| 남아프리카공화국 대통령 | 흑인 목사 | 27년 감옥 생활 |
| 노벨 평화상 | 노벨 의학상 | 흑인 인권 운동가 |

상식 플러스

남아프리카공화국은 영국과 네덜란드 계열의 백인들이 세운 나라예요. 이들은 남아프리카공화국을 백인의 나라로 만들고 싶어 했고, 그 과정에서 흑인 차별 정책을 펼쳤죠. 흑인들은 국토의 13퍼센트에 불과한 지역에만 거주할 수 있도록 제한되었고, 백인들이 이용하는 공공시설에는 출입조차 할 수 없었답니다.

@덩샤오핑

#흑묘백묘 #작은거인 #개혁과개방

개혁과 개방으로 중국을 세계 무대로
덩샤오핑

덩샤오핑(鄧小平, 등소평)
1904~1997년
출생지: 중국
직업: 정치가

　1979년 미국을 방문하고 돌아온 중국의 주석 덩샤오핑은 "검은 고양이든 흰 고양이든 쥐만 잘 잡으면 된다."는 주장을 펼쳤어요. 이 말은 덩샤오핑이 내세운 중국의 경제 정책 '흑묘백묘'이론으로, 사회주의든 자본주의든 상관없이 중국을 잘살게 할 수만 있다면 어떤 방식이든 받아들이겠다는 실용주의적 입장을 보여주는 말입니다. 그는 또 "능력 있는 사람부터 먼저 부유해져라."라는 '선부론'도 펼쳤어요. 덩샤오핑은 경제는 실용적으로 개방하면서도, 정치는 기존 사회주의 체제를 유지하며 경제와 정치를 분리했어요. 이로써 중국 특유의 시장경제 체제가 탄생하게 되었답니다.

　덩샤오핑이 지도자가 될 당시, 중국은 극심한 혼란과 가난에 시달리고 있었어요. 이전의 지도자 마오쩌둥은 단기간에 생산량을 늘려 모두가 나누자는 '대약진운동(大躍進運動)'을 추진했지만 실패했죠. 그뿐만이 아니에요. 농민들의 생산 수단을 공동으로 소유하자는 '인민공사(人民公社)' 정책은 오히려 사람들의 생산 의욕을 꺾어 버렸어요. 게다가 그는 학생들을 동원해 자신을 비판하는 지식인과 정치 세력을 무자비하게 척결했는데, 이것이 바로 '문화대혁명(文化大革命)'이에요. 당시 약 73만 명이 박해를 당했고, 3만 5,000여 명이 목숨을 잃은 것으로 전해져요.

　이러한 상황 속에서 권력을 잡은 덩샤오핑은 '개혁과 개방' 정책으로 중국의 방향을 전환했어요. 도시를 중심으로 경제 발전을 추진하고, 외국 자본과 기술을 적극적으로 받아들여 무역을 확대하며 빠른 경제 성장을 이뤄 냈습니다. 그 결과 중국은 매년 두 자릿수 성장을 기록하며 세계 경제의 중심국으로 부상했고, 현재 국내총생산(GDP)은 세계 2위랍니다.

어휘 플러스

- **척결:** 나쁜 부분이나 요소들을 깨끗이 없애 버림.

세상을 바꾼 리더

1 다음 빈칸에 들어갈 말을 이 글에서 찾아 쓰세요.

> 중국의 경제 발전이 무엇보다 중요하다고 생각한 덩샤오핑은 '검은 고양이든 흰 고양이든 쥐만 잘 잡으면 된다'는 [ㅎㅁㅂㅁ] 이론을 펼쳤어요.

정답 ☐☐☐☐

2 이 글을 읽고 다음의 문장이 맞으면 ○표, 틀리면 X표를 하세요.

① 덩샤오핑은 중국을 경제적으로 부유하게 만들기 위해 개혁과 개방에 앞장섰어요. ( )
② 덩샤오핑은 자본주의는 받아들일 수 없다고 생각했어요. ( )
③ 덩샤오핑은 대약진운동, 인민 공사, 문화대혁명 등의 정책을 펼쳤어요. ( )
④ 덩샤오핑은 정치에서는 사회주의 체제를 유지하되, 경제 분야에서는 개혁과 개방 정책을 펼쳤어요. ( )

3 다음 중 덩샤오핑의 개혁과 개방 정책의 결과가 <u>아닌</u> 것은 무엇인가요?

① 외국의 돈과 기술을 적극적으로 수용했어요.
② 수입과 수출로 경제 교류를 활발히 했어요.
③ 놀라운 경제 성장으로 세계 경제 2위의 국가가 되었어요.
④ 민주주의 정책을 적극적으로 도입했어요.

> **상식 플러스**
>
> 중국은 공산당 하나의 정당만 존재하는 일당 독재 체제를 유지하고 있어요. 덩샤오핑의 개혁적이고 개방적인 경제 정책으로 경제는 꽤 성장했죠. 하지만 급속한 경제 개발에 따른 양극화와 부정부패가 심해졌어요. 그리고 유일한 독재 정당 체제에서 비롯된 인권과 표현의 자유 침해 문제도 여전히 해결해야 할 문제로 남아 있답니다.

@마더 테레사

#노벨평화상 #사랑의선교수도회 #가난한이들의어머니

가난하고 병든 사람의 어머니
마더 테레사

아녜저 곤제 보야지우(Anjezë Gonxhe Bojaxhiu)
1910~1997년
출생지: 유고슬라비아 / 활동지: 인도
직업: 수녀

　　　　　　　　　　테레사 수녀는 가장 힘들게 사는 사람들이 모여 있는 인도의 콜카타에서 가난한 이들을 도우며 평생을 살았어요. 가난 속에서 고통받으며 죽어 가는 사람들, 병든 사람들, 버려진 아이들을 위해 헌신하며 '가난한 이들의 성녀'로 추앙받았답니다. 수녀는 보통 검은색 옷을 입지만 ㉠테레사 수녀는 검은 수녀복 대신 인도에서 가장 가난하고 미천한 여성들이 입는 흰색 사리를 입었어요. 가난한 이들과 같은 모습으로 살아가고자 했던 거죠.

　테레사는 길에서 죽어 가던 사람을 데려와 따뜻한 음식과 청결한 잠자리를 마련해 주고, 존엄하게 마지막을 맞이할 수 있도록 '님허 하우스(Nirmal Hriday)'라는 시설을 마련했어요. 기독교와 이슬람교 사이의 분쟁 중에 용기를 내어 전쟁 한가운데로 들어가 양쪽 지휘관을 설득한 일도 있었죠. 잠시 휴전을 이끌어 내어 어린이 37명을 무사히 구출했답니다. 그녀의 선한 영향력은 세계 곳곳에 전해졌고 이를 통해 노벨 평화상을 수상했어요. 심지어 그녀는 노벨 평화상 수상을 축하하는 연회를 마다하고 상금까지 모두 인도의 빈민들을 위해 써 달라고 했대요.

　테레사는 1950년에는 '사랑의 선교 수녀회'를 만들었어요. 이 단체는 '가장 가난한 자들을 위해 무상으로 봉사한다'는 사명을 갖고 있어요. 로마 교황청의 허가를 받은 이후 현재 전 세계 130여 개국에서 활동을 펼치고 있죠. 테레사 수녀 곁에는 선한 뜻을 품은 이들이 모여들었고, 함께 세상을 따뜻하게 만들어 갔답니다. 많은 이들이 그녀를 통해 삶을 돌아보고 새롭게 살기로 결심했어요.

어휘 플러스

- **추앙:** 높이 받들어 우러러봄.
- **사리:** 인도의 여성들이 입는 민속 의상.
- **사명:** 맡겨진 임무.

세상을 바꾼 리더

1 다음 빈칸에 들어갈 알맞은 말을 이 글에서 찾아 쓰세요.

테레사 수녀는 [ㅅㄹㅇ ㅅㄱ ㅅㄴㅎ]를 만들어 가난한 이들을 도우며 평생을 살았어요.

정답 ☐☐☐ ☐☐ ☐☐☐

2 밑줄 친 ㉠을 통해 알 수 있는 것과 거리가 <u>가장 먼</u> 것은 무엇인가요?

① 테레사 수녀는 가장 낮은 자리에서 그들과 아픔을 함께 나누고 싶었구나.
② 테레사 수녀는 흰색 옷을 좋아하는구나.
③ 인도는 신분에 따라 다른 옷을 입는구나.

3 이 글에 나타난 테레사 수녀의 인생을 표현한 사자성어로 <u>가장 적절한</u> 것을 고르세요.

① 살신성인(殺身成仁): 자기의 몸을 희생하여 인(仁)을 이룸.
② 유유상종(類類相從): 같은 무리끼리 서로 사귐.
③ 용두사미(龍頭蛇尾): 용의 머리와 뱀의 꼬리라는 뜻. 처음은 왕성하나 끝이 부진한 현상을 이르는 말.
④ 개과천선(改過遷善): 지난날의 잘못이나 허물을 고쳐 올바르고 착하게 됨.

상식 플러스

가톨릭에서 '성인(聖人, Saint)'이라는 칭호는 하느님께 가장 가까이 다가간 삶을 산 사람에게 주어지는 존경의 이름이에요. 테레사 수녀는 2016년, 교황 프란치스코에 의해 공식적으로 '성 테레사(Saint Teresa of Calcutta)'로 선포되었어요. 이로써 그녀는 신앙 안에서 봉사의 삶을 산 '거룩한 인물'로 온 세상에 기억되고 있지요.

#흑인해방운동가 #몽고메리버스보이콧 #나에게는꿈이있습니다

평화적 방법으로
흑인 인권을 쟁취하다
마틴 루터 킹

마틴 루터 킹(Martin Luther King Jr.)
1929~1968년
출생지: 미국
직업: 흑인 인권 운동가, 목사

마틴 루터 킹은 어린 시절, 다른 흑인 가정에 비하면 비교적 여유 있는 환경에서 자랐고, 교육도 받을 수 있었어요. 하지만 백인 친구의 아버지가 "흑인과는 어울리지 말라."고 말하는 것을 들은 뒤, 인종차별의 현실을 처음으로 뼈아프게 느끼게 되었죠. 그때부터 그는 인종차별을 없애야겠다고 결심하고 더 열심히 공부했어요. 결국 보스턴대학교에서 신학을 공부해 목사가 되었고, 이후 흑인 인권 향상에 크게 공헌합니다.

1960년대 미국은 링컨의 노예해방 선언이 발표된 지 100년이 지났지만, 여전히 흑인은 학교, 병원, 식당, 버스, 심지어 화장실까지도 백인과 따로 써야 했어요. 피부색이 다르다는 이유 하나로 부당한 대우를 받아야 했죠. 그러던 어느 날, 몽고메리라는 도시에서 한 흑인 여성이 버스에서 백인에게 자리를 양보하지 않았다는 이유로 체포되는 사건이 발생했어요. 이 사건을 계기로 킹 목사와 많은 흑인은 '버스 안 타기' 운동을 벌였답니다. 1년 넘게 비폭력적인 방식으로 이어진 이 운동은 결국 미국 대법원의 판결로 이어졌고, 버스 내 좌석 차별은 금지되었어요.

1963년, 노예해방 100주년을 맞아 워싱턴에서 열린 평화 행진에서 킹 목사는 역사적인 연설을 남겼어요. "나에게는 꿈이 있습니다."라는 문장으로 시작된 그의 연설은 인종차별의 문제를 미국 사회 전체에 강하게 알렸고, 인권 운동의 상징이 되었죠. 이 연설은 호소력이 깊고 울림이 커서 많은 미국인의 마음을 움직였고, 세계적으로도 평화운동의 대표적인 메시지로 남게 되었답니다.

연설하는 마틴 루터 킹

어휘 플러스

- **공헌**: 힘을 써 이바지함.
- **호소력**: 강한 인상을 주어 마음을 사로잡을 수 있는 힘.

세상을 바꾼 리더

1. 다음 [ ] 안에 들어갈 말을 골라 ○표를 하세요.

마틴 루터 킹은 [흑인 차별 / 남녀 차별]에 반대하는 평화적 시위를 했어요.

2. 다음 중 이 글의 내용과 다른 것을 고르세요.

① 1960년대 미국에서는 흑인 차별 제도가 완전히 사라졌어요.
② 마틴 루터 킹 목사는 보스턴대학에서 신학을 공부했어요.
③ '버스 안 타기 운동'의 결과, 대법원은 피부색에 따라 버스 좌석을 나누는 것을 금지했어요.
④ 노예해방 100주년 기념식에서 한 마틴 루터 킹 목사의 연설은 많은 미국인들의 마음을 움직였어요.

3. 다음 중 마틴 루터 킹과 관련된 키워드를 모두 골라 색칠하세요.

백인   목사   흑인 해방 운동가

나에게는 꿈이 있습니다   폭력 시위

상식 플러스

1960년대 흑인 인권 운동을 이끈 또 다른 인물로 말콤 X가 있어요. 하지만 그는 마틴 루터 킹과는 전혀 다른 방식으로 운동을 펼쳤죠. 마틴 루터 킹은 '백인과의 공존'을 꿈꾸며 비폭력과 평화를 강조했어요. 반면 말콤 X는 '백인과의 분리'를 주장했고, 흑인의 자기방어를 위한 폭력은 정당하다고 여겼죠.

운동 방식은 극명하게 달랐지만, 결국 두 사람 모두 흑인들이 정치에 참여할 수 있는 참정권을 얻는 데 큰 기여를 했어요. 그들의 투쟁은 흑인 인권 신장과 미국 사회의 변화를 이끄는 데 중요한 역할을 했답니다.

@마하트마 간디

#인도독립의아버지 #비폭력 #불복종 #평화적시위

비폭력으로 인도의 독립을 이끌다
마하트마 간디

모한다스 카람찬드 간디(Mohandas Karamchand Gandhi)
1869~1948년
출생지: 인도
직업: 민족운동 지도자

간디는 영국 유학 시절 법률을 공부해 변호사가 되었고, 46세가 되어 인도로 돌아왔어요. 당시 인도는 사실상 영국의 지배를 받는 식민지였죠. 영국은 인도의 원료를 헐값에 사 가고, 영국에서 만든 제품은 인도에 비싸게 팔았어요. 그 결과 인도는 경제적으로 빈곤에 시달릴 수밖에 없었죠. 정치적으로도 독립을 주장하지 못하도록 억압했고, 인도의 전통문화를 무시하는 태도를 보였어요.

하지만 간디는 영국에 항거할 때 총이나 무기를 사용하는 것이 아니라 인내와 비폭력으로 맞섰어요. 그러던 중 1919년, 평화 시위를 하던 인도인 수백 명이 영국 군인들의 총에 맞아 죽는 유혈사태가 벌어졌죠. 이 사건 이후 간디는 '영국 물건을 사지도 말고, 영국 학교에도 다니지 말자'는 불복종 운동을 펼치게 됩니다.

1930년, 영국이 소금에 비싼 세금을 매겨 팔자 간디는 '바다에서 직접 소금을 만들자'는 구호 아래 소금 행진을 시작했어요. 이 일로 간디가 체포되자 그를 따르던 인도인들이 들불처럼 일어나 시위에 동참했어요. 학교와 공장에서는 파업이 일어났고, 인도인들이 영국인의 소금공장으로 달려가 충돌이 벌어졌어요. 그 결과 인도의 상황이 세계에 알려지기 시작했지요.

감옥에서도 간디는 불복종 운동을 멈추지 않았답니다. 책을 쓰고 신문에 글을 기고하며 단식을 이어갔죠. 영국은 간디가 감옥에서 죽었다는 비난을 피하기 위해 그를 석방했어요. 마침내 1947년, 제2차 세계대전이 끝나면서 인도는 영국의 통치에서 벗어나 독립을 이루었지요. 오늘날 우리는 그를 인도 독립의 아버지라 칭하며 '마하트마 간디'라고 불러요. 여기서 '마하트마(Mahatma)'는 '위대한 영혼'이라는 뜻이랍니다.

어휘 플러스

- **항거하다:** 순종하지 아니하고 맞서서 반항하다.
- **유혈사태:** 무력(武力)에 의하여 사람이 죽거나 다치는 등의 인명 피해가 일어난 상황.

세상을 바꾼 리더

1 이 글을 읽고 다음 빈칸에 들어갈 나라 이름을 각각 찾아 쓰세요.

간디는 비폭력 저항운동을 펼쳐 [ㅇㄱ]의 통치로 탄압받고 차별받는 [ㅇㄷ]의 독립을 이끌었습니다.

정답 ☐☐ , ☐☐

2 둘 중 마하트마 간디를 설명하는 표현으로 맞는 낱말을 골라 ○표를 하세요.

(가) [폭력적] vs. [비폭력적]
(나) [무장 투쟁] vs. [평화적 투쟁]
(다) [불복종] vs. [복종]

3 이 글을 읽고 다음의 문장이 맞으면 ○표, 틀리면 X표를 하세요.

① 간디는 폭력 없는 독립은 불가능하다고 생각했어요. ( )
② 간디는 영국에서 유학하고 영국에 남아 독립운동을 펼쳤어요. ( )
③ 간디는 영국 제품의 불매운동을 펼쳤어요. ( )
④ 간디는 결국 감옥에서 숨을 거뒀어요. ( )

상식 플러스

1947년 8월 15일, 인도가 영국에서 독립함과 동시에 파키스탄이 인도에서 분리되어 별도의 국가가 되었어요. 인도는 힌두교, 파키스탄은 이슬람교를 주 종교로 하여 종교적 대립을 겪었고, 그 갈등이 계속되면서 결국 두 나라는 갈라지게 되었죠. 이 대립 과정에서 화해를 위해 힘쓰던 간디는 한 극단적인 힌두교 신자에 의해 암살되는 비극적인 최후를 맞았답니다.

〈정답〉 **1** 영국, 인도 **2** 비폭력적, 평화적 투쟁, 불복종 **3** X, X, O, X

@에이브러햄 링컨

#노예해방 #게티즈버그연설 #남북전쟁 #미국16대대통령

노예해방을 선언하다
에이브러햄 링컨

에이브러햄 링컨(Abraham Lincoln)
1809~1865년
출생지: 미국
직업: 정치인

링컨은 가난한 농민의 아들로 태어나 제대로 된 학교 교육을 받지 못했어요. 하지만 독학으로 변호사가 되고 이후 정치에 입문해 1860년 미국의 16대 대통령이 되었습니다. 링컨이 대통령이 되던 당시의 미국은 남과 북의 상황이 매우 달랐어요. 남부 지역은 흑인 노예를 일꾼으로 삼아 목화를 대량으로 생산하는 농업이 발달했고요, 북부 지역은 공장에서 물건을 만드는 제조업이 중심이었어요. 이러한 배경 차이 때문에 남과 북은 세금 문제와 노예 제도를 두고 의견이 갈렸죠.

남부는 외국에 목화를 수출하기 때문에 관세가 낮은 것이 유리했고, 대규모 농사를 짓기 위해서는 노예가 필요했어요. 하지만 북부는 외국 물건이 너무 싸게 들어오면 자신들의 제품이 안 팔릴까 봐 걱정했고, 수입품에 높은 세금을 매기길 원했죠. 또 공장에서 만든 물건이 잘 팔리려면 노예보다 돈을 받고 일하는 노동자와 물건을 살 수 있는 소비자가 많아야 했어요. 그래서 북부 사람들은 노예 제도를 없애자고 주장한 링컨을 지지했고, 그를 대통령으로 뽑았답니다.

이후 남부와 북부는 서로 대립하며 4년 동안 전쟁을 치렀어요. 그리고 마침내 북부의 승리로 흑인 노예들은 자유를 얻게 되었어요. 전쟁이 끝난 후, 최고의 격전지였던 게티즈버그에서 링컨은 역사에 길이 남을 유명한 연설을 남겼죠.

"이 나라를 자유의 땅으로 새롭게 만들고, 국민의, 국민에 의한, 국민을 위한 정부가 이 땅에서 사라지지 않도록 합시다!"

어휘 플러스

- **관세:** 국세의 하나. 수출·수입되거나 통과되는 화물에 대하여 부과되는 세금.
- **격전지:** 격렬한 싸움이 벌어진 곳.

세상을 바꾼 리더

1 다음 빈칸에 들어갈 말을 이 글에서 찾아 쓰세요.

링컨은 미국의 [ㄴㅇㅈㄷ]를 폐지한 대통령입니다.
링컨은 남북전쟁 당시 격전지였던 [ㄱㅌㅈㅂㄱ]에서 유명한 연설을 남겼어요.

정답 ☐☐ ☐☐, ☐☐☐☐☐

2 다음 중 미국 북부와 관련된 키워드를 <u>모두</u> 골라 색칠하세요.

(공업 발달) (관세 인하 주장) (목화 농장)

(노예 제도 폐지 주장) (관세 인상 주장)

3 미국 남부의 백인들이 노예해방에 반대한 이유를 <u>가장 잘</u> 설명한 사람은 누구일까요?

[혜원] 목화를 재배할 노예가 필요했거든.
[유빈] 공장에서 일할 노동자가 필요했거든.
[선호] 공장에서 생산한 물건들을 사 줄 노예가 필요했거든.

상식 플러스 ·················

게티즈버그 연설은 10개 정도의 문장으로 이루어진 짧은 연설이었어요. 하지만 이 연설은 미국 역사상 가장 훌륭한 연설로 손꼽힙니다. '국민의, 국민에 의한, 국민을 위한 정부'라는 말은 가장 간결하면서도 정확하게 민주주의를 표현했다는 평가를 받고 있어요.

제2차 세계대전을 끝내다
윈스턴 처칠

@윈스턴 처칠

#제2차세계대전종식 #영국의수상 #노벨문학상 #승리의V

윈스턴 처칠(Winston Leonard Spencer Churchill)
1874~1965년
출생지: 영국
직업: 정치가, 작가

이름난 귀족 집안에서 태어난 윈스턴 처칠은 어릴 때 말썽꾸러기였어요. 공부를 가르치러 오는 가정교사는 물론이고, 집안의 하인들도 공부하기 싫어서 숨어 있는 처칠을 찾느라 애를 먹었죠. 그가 달라진 건 육군사관학교에 입학하면서부터였어요. 꼴찌로 간신히 입학했지만, 졸업할 때는 우수한 성적과 함께 주목받는 학생으로 변신해 있었답니다.

졸업 후에는 종군기자로 활동했는데, 그의 생생하고 해박한 글은 큰 인기를 끌었어요. 특히 보어 전쟁에서는 포로로 잡혔다가 신부로 위장해 극적으로 탈출하기도 했죠. 이 일로 그는 전쟁 영웅으로 고양되었고, 결국 정치인의 길로 들어서게 되었어요. 제1차 세계대전 때는 해군 장교로 복무했지만, 큰 패배를 겪은 뒤 정치에서 물러나 연설과 글쓰기에 집중했죠. 그러다 제2차 세계대전이 일어났는데 당시 독일 히틀러의 위세는 대단했어요. 위기에 놓인 영국은 다시금 윈스턴 처칠을 필요로 했고, 전쟁 중 그는 영국의 총리가 되었답니다.

처칠은 전쟁 속 불안에 떨고 있는 국민에게 단호하게 선언했어요. "우리는 끝까지 싸울 것입니다. 승리는 우리의 것입니다." 전쟁이 길어지며 영국의 물자가 부족해지자 처칠은 미국에 간절히 요청했어요. "무기와 물자를 지원해주면 우리가 전쟁을 끝장내겠습니다." 결국 미국에서 무기를 대여받았고, 이를 바탕으로 연합군은 전쟁을 승리로 이끌었어요. 그의 확고한 리더십 덕분에 제2차 세계대전은 종결될 수 있었답니다.

전쟁이 끝난 뒤, 처칠은 자신의 경험을 바탕으로 책을 썼어요. 《제2차 세계대전》이라는 책은 역사적 전기를 담은 명저로 평가받았고, 그는 1953년 '고귀한 인간적 가치를 수호하고, 전기와 역사서에서 보여 준 탁월함'이라는 이유로 노벨문학상을 수상했어요.

어휘 플러스

- **종군기자**: 군대를 따라 전쟁터에 나가 전투 상황을 보도하는 기자.
- **고양**: 높이 쳐들어 올림.
- **해박하다**: 여러 방면으로 학식이 넓다.

세상을 바꾼 리더

1 다음 [ ] 안에 들어갈 말을 골라 ○표를 하세요.

> 윈스턴 처칠은 뛰어난 리더십으로 [제1차 세계대전 / 제2차 세계대전]을 끝내고 승리로 이끌었어요.

2 다음 중 윈스턴 처칠에 대한 설명으로 맞는 것을 고르세요.

① 어릴 때부터 성적이 뛰어난 학생이었어요.
② 보어 전쟁 중에 신부가 되기로 결심했어요.
③ 제2차 세계대전을 일으켰어요.
④ 도서 《제2차 세계대전》으로 노벨문학상을 받았어요.

3 제2차 세계대전 중, 윈스턴 처칠의 생각과 거리가 먼 것은 무엇일까요?

① 히틀러의 위세가 너무 강해서 이길 수 없을 것 같아.
② 우리 영국에게 무기가 있으면 이 전쟁을 이길 수 있어!
③ 불안에 떠는 국민에게 용기를 심어 줘야 해!
④ 미국 대통령에게 무기를 빌려 달라고 부탁해야겠어.

상식 플러스

사진 찍을 때 가장 흔한 포즈 중 하나가 손가락으로 브이(V) 자를 그리는 것입니다. 이 '승리의 브이'는 윈스턴 처칠이 제일 먼저 사용했다고 알려져 있어요. 제2차 세계대전 당시 영국은 독일군의 전투기 폭격을 받아 큰 어려움을 겪고 있었어요. 이런 힘든 상황에서 처칠은 국민에게 '우리는 반드시 이긴다'는 믿음과 용기를 전해 주고 싶었대요. 그래서 국민들 앞에 나서 'Victory(승리)'의 첫 글자인 브이(V)를 손가락으로 그려 보였던 것이죠.

〈정답〉 1 제2차 세계대전 2 ④ 3 ①

혁명의 상징, 젊은이들의 우상
체 게바라

체 게바라(Che Guevara)
1928~1967년
출생지: 아르헨티나
직업: 국제 정치 혁명가

#쿠바혁명의영웅 #젊은이들의우상

　　　　　　　　　　　체 게바라는 아르헨티나의 중상류층 가정에서 태어났어요. 어릴 때부터 천식으로 산소 호흡기를 항상 가지고 다녀야 할 정도로 몸이 약했지만, 수영이나 럭비 등의 운동을 하며 건강을 조절해 가며 지냈어요. 스물다섯 살에는 의학박사 학위를 따서 의사로의 안정된 인생을 살 준비를 하기도 했답니다.

　하지만 그는 아픈 사람을 치료하는 것으로는 가난하고 힘겨운 인생을 사는 사람들을 도울 수 없다고 생각했어요. 정말로 사람들을 돕고 싶다면 세상을 바꿔야 한다고 느꼈지요. 그러던 중 체 게바라는 쿠바의 망명 정치가인 피델 카스트로와 운명적인 만남을 갖게 되었어요. 그날 이후 체 게바라는 이전과는 전혀 다른 삶을 살게 되었답니다.

　당시 쿠바는 바티스타라는 독재자가 나라를 다스리고 있었어요. 체 게바라는 뜻을 함께하는 동료들과 함께 쿠바로 잠입해 산속에서 게릴라 부대를 훈련시키고 전략을 세웠죠. 체 게바라가 이끄는 혁명군은 마침내 정부 군대를 무찌르고 도시를 점령했답니다. 결국 대통령은 도망치고, 체 게바라는 쿠바 혁명의 영웅이 되었죠.

　체 게바라는 쿠바 국민의 지지를 받아 국립은행 총재와 산업부 장관 같은 높은 자리를 맡기도 했어요. 하지만 그는 그런 지위를 내려놓고, 다시 콩고와 볼리비아 등의 나라에서 혁명을 도왔어요. 이상적인 사회를 만들기 위해 끝까지 열정을 바친 그의 모습은, 지금도 세계 많은 젊은이의 우상이 되고 있어요.

어휘 플러스

- **잠입**: 남몰래 숨어듦.
- **게릴라**: 적의 배후나 측면에서 기습·교란·파괴 따위의 활동을 하는 특수 부대나 비정규 부대.

세상을 바꾼 리더

1 다음 빈칸에 들어갈 나라 이름을 이 글에서 찾아 쓰세요.

체 게바라가 이끄는 게릴라군은 [ㅋㅂ]의 정부 군대를 무찌르고 혁명을 이뤄 냈어요.

정답 ☐☐

2 이 글을 읽고 다음 중 체 게바라에 대한 설명으로 알맞지 <u>않은</u> 것을 고르세요.

① 체 게바라는 아르헨티나에서 태어났어요.
② 체 게바라는 아픈 사람을 치료하는 것이 세상을 바꾸는 방법이라고 믿었어요.
③ 쿠바의 망명 정치가 피델 카스트로를 만난 이후 다른 인생을 살았어요.
④ 쿠바 혁명을 이끄는 데 큰 역할을 했어요.

3 다음 중 체 게바라가 혁명을 도운 나라를 모두 골라 색칠하세요.

(콩고)　(쿠바)　(캐나다)　(볼리비아)　(일본)

상식 플러스

체 게바라의 초상화는 티셔츠나 가방 같은 것에서도 자주 볼 수 있어요. 사실 그 그림은 사진작가가 찍은 흑백 사진을 바탕으로 만들어진 것이에요. 검은 머리와 수염, 별이 그려진 베레모, 그리고 강렬한 눈빛에는 용기와 결의가 담겨 있는 듯하죠. 특히 젊은 사람들 사이에서는 이 초상화가 '나는 자유롭게 생각하는 사람이야.'라는 뜻으로 표현되기도 합니다.

#뉴딜정책 #대공황극복 #유일한4선대통령

뉴딜 정책으로 경제 위기를 극복하다
프랭클린 루즈벨트

프랭클린 루즈벨트(Franklin Delano Roosevelt)
1882~1945년
출생지: 미국
직업: 정치가

루즈벨트가 대통령으로 취임하기 전, 미국은 극심한 경제 대공황에 시달리고 있었어요. 제1차 세계대전 이후 미국 경제는 한동안 호황을 이어 갔고 공장에서 생산된 물건은 넘쳐났지만, 이상하게도 물건은 팔리지 않았죠. 기업들이 하나둘씩 망하면서 사람들은 일자리를 잃었고, 돈이 줄어드니 소비도 위축되었어요. 경제의 선순환 구조가 무너지며 국민의 삶은 점점 어려워졌고, 결국 나라 전체가 흔들리는 대공황에 빠지게 되었답니다.

일할 곳이 사라지면서 실업자가 급격히 늘어났고, 은행도 잇따라 문을 닫았어요. 무려 6,000개가 넘는 은행이 줄줄이 파산하면서 미국 사회는 큰 위기에 휩싸이고 말았죠. 전 국민이 대공황의 고통에 시달리던 그때, 루즈벨트는 '뉴딜 정책(New Deal Policy)'을 선언하며 대통령에 당선되었어요.

그는 무엇보다 일자리를 늘리는 데 집중했어요. 대표적인 예로, 테네시강의 대규모 댐 건설 사업을 들 수 있죠. 일자리를 찾는 수많은 사람이 이 공사에 참여했고, 임금을 받은 사람들은 다시 소비를 시작했답니다. 물건이 팔리자 공장도 활기를 되찾았고, 다시 고용이 늘어나는 선순환의 흐름이 만들어졌어요.

루즈벨트의 뉴딜 정책은 경제를 시장의 자율에만 맡기지 않고, 정부가 적극적으로 개입해 경제 주체로서의 역할을 수행한 정책이었어요. 정부는 과잉 생산을 조절하고 노동자와 농민의 소득을 높여 소비를 촉진함으로써 경제를 살려 냈지요. 이 과정에서 일자리와 수요를 창출했고, 노동자의 권리와 임금이 향상되었으며, 사회보장 제도도 함께 강화되었답니다.

어휘 플러스

- **호황**: 경제 활동이 좋음. 또는 그런 상황.
- **과잉**: 예정하거나 필요한 수량보다 많아 남음.
- **창출**: 전에 없던 것을 처음으로 생각하여 지어 내거나 만들어 냄.

세상을 바꾼 리더

1 다음 빈칸에 들어갈 말을 이 글에서 찾아 쓰세요.

미국의 대통령 프랭클린 루즈벨트는 [ㄴ ㄷ ㅈ ㅊ]으로 대공황을 극복했어요.

정답 ☐ ☐ ☐ ☐

2 다음 중 프랭클린의 뉴딜 정책에 대해 잘못 설명한 것은 무엇인가요?

① 뉴딜 정책으로 일자리를 늘리는 사업을 펼쳤어요.
② 일자리가 늘고 노동자들이 돈을 벌어 물건을 사면서 경제가 활발해지기 시작했어요.
③ 루즈벨트 대통령은 정부가 시장 경제에 개입할 필요가 있다고 생각했어요.
④ 뉴딜 정책으로 노동자들의 권리가 축소되고 사회보장제도가 퇴보했어요.

3 다음 [ ] 안에 들어갈 말을 골라 ○표를 하세요.

① 뉴딜 정책으로 대규모 댐 건설 사업을 펼치자 일자리가 [증가 / 감소] 했어요.
② 일자리가 늘자 실업률은 [증가 / 감소] 했어요.
③ 사람들은 노동으로 벌어들인 돈으로 소비를 [줄이기 / 늘리기] 시작했어요.
④ 사람들이 물건의 소비를 늘리자 공장들은 생산을 [줄여 / 늘려] 경제가 활발해졌어요.

상식 플러스

루즈벨트는 미국 역사상 유일하게 대통령 임기를 네 번이나 지낸 인물이에요. 무려 12년 동안 미국을 이끌었지요. 보통 미국 대통령의 임기는 4년이에요. 그리고 한 번 더 출마해 연임할 수 있는 '중임제'를 따르고 있죠. 하지만 루즈벨트가 대통령이던 당시에는 이런 제한이 없었기 때문에 네 번이나 선출될 수 있었답니다. 그 뒤로 미국 헌법이 바뀌어서 지금은 한 사람이 최대 두 번까지만 대통령이 될 수 있도록 정해졌어요.

 ▼세상을 정복한 도전자

@닐 암스트롱

#우주비행사 #달에최초로착륙한인간 #아폴로11호

달에 첫발을 디딘 최초의 인류
닐 암스트롱

닐 암스트롱(Neil Alden Armstrong)
1930~2012년
출생지: 미국
직업: 우주 비행사

1969년 7월 20일, 닐 암스트롱은 인류 역사상 처음으로 달에 발을 디딘 우주 비행사가 되었어요. 착륙 직후 그는 "이것은 한 인간에게는 작은 한 걸음이지만, 인류 전체에겐 위대한 약진이다."라는 유명한 말을 남겼죠. 그의 달 착륙은 인간이 지구를 벗어나 우주로 나아갈 수 있다는 가능성을 증명한 역사적인 사건이었답니다.

사실은 미국보다 먼저, 1957년에 소련(현재의 러시아)이 세계 최초의 인공위성 '스푸트니크 1호' 발사에 성공했어요. 이어 1961년에는 소련의 우주 비행사 유리 가가린이 인류 최초로 우주 비행을 성공시켰지요. 이에 큰 충격을 받은 미국은 우주 개발 경쟁에 박차를 가하며 '아폴로 계획'을 추진합니다. 초반에는 비행 중 화재로 우주 비행사가 목숨을 잃는 등 여러 차례 실패를 겪었지만, 그러한 실패 속에서 기술이 쌓였고 마침내 아폴로 11호를 통해 달 착륙에 성공한 거예요.

달 착륙에 성공한 인류

닐 암스트롱이 달에 발을 디딘 그 순간은, 단지 한 사람만의 업적이 아니었어요. 오랜 기간 수많은 사람의 도전과 준비, 실수와 교훈, 그리고 용기가 모여 이뤄 낸 결과였지요. 그 한 걸음은 인류 전체의 도전 정신이 남긴 위대한 발자국이었던 셈입니다.

어휘 플러스

- **약진**: 힘차게 앞으로 뛰어 나아감.
- **박차**: 어떤 일을 촉진하려고 더하는 힘.

세상을 정복한 도전자

1 다음 빈칸에 들어갈 말을 이 글에서 찾아 쓰세요.

1969년 닐 암스트롱은 [ㅇㅍㄹ 11호]를 타고 인류 최초로 달에 착륙했어요.

정답 ☐☐☐

2 이 글을 읽고 다음 내용이 일어난 순서대로 기호를 쓰세요.

(가) 미국은 아폴로 11호를 통해 달 착륙에 성공했어요.
(나) 소련 우주 비행사 유리 가가린이 우주 비행에 성공했어요.
(다) 소련은 인공위성 스푸트니크 1호 발사에 성공했어요.

( ) ▶ ( ) ▶ ( )

3 다음 중 이 글을 읽고 잘못 추측한 어린이는 누구인가요?

[진우] 미국과 소련은 우주 연구를 두고 치열한 경쟁을 했구나.
[소미] 미국이 달 착륙에 성공하기까지 많은 시행착오가 있었구나.
[우빈] 소련은 우주 연구 경쟁에 소극적이었구나.

상식 플러스

소련은 1957년 인류 최초의 인공위성 '스푸트니크 1호' 발사에 성공하자 곧이어 '스푸트니크 2호'를 쏘아 올렸어요. 이번에는 떠돌이 개였던 '라이카'를 훈련시켜 인공위성에 탑승시켰지요. 라이카는 우주에 간 최초의 생명체가 되었지만 안타깝게도 지구로 돌아오지 못하고 희생되었답니다. 이 사건은 우주 탐사의 역사에서 매우 상징적이고 도전적인 일이었어요. 하지만 한편으로는 기술적 성공 뒤에 따라온 윤리적 고민도 함께 남긴 사건이었지요.

#원자폭탄의아버지 #미국물리학자 #맨해튼프로젝트

나는 이제 죽음의 신, 세상의 파괴자가 되었다
오펜하이머

로버트 오펜하이머(Julius Robert Oppenheimer)
1904~1967년
출생지: 미국
직업: 물리학자

"나는 이제 죽음의 신, 세상의 파괴자가 되었다." 역사상 처음으로 핵실험이 성공한 날, 물리학자 로버트 오펜하이머는 인도 고전 《바가바드 기타》의 구절을 인용해 이렇게 말했어요.

오펜하이머는 20세기를 대표하는 이론 물리학자예요. 양자역학이 막 태동하던 시절 독일에서 물리학을 공부했고, 미국으로 돌아와 연구와 교육에 힘쓴 사람이죠. 그러던 중 제2차 세계대전이 벌어지고 미국이 전쟁에 참전하게 되었어요. 미국 정부는 "나치 독일보다 먼저 원자폭탄을 만들어야 한다."며 수많은 과학자와 공학자를 모아 '맨해튼 프로젝트'를 시작합니다. 오펜하이머는 이 비밀 프로젝트의 총책임자로 임명되었어요. 그는 '원자폭탄은 오히려 전쟁을 막는 무기가 될 수 있다'고 믿으며 연구에 돌입했지요.

비밀 연구소는 미국 뉴멕시코주의 로스알라모스 사막 한가운데에 세워졌어요. 1945년 첫 실험에서 거대한 폭발이 성공하자 그 장면을 본 과학자들은 "천 개의 태양보다도 밝았다."라고 표현했어요. 하지만 두려움도 함께 찾아왔어요. 그 공포는 현실이 되었죠. 같은 해 8월 6일과 9일, 일본 히로시마와 나가사키에 원자폭탄이 떨어져 수십만 명이 목숨을 잃었어요. 전쟁은 8월 15일 일본의 항복으로 끝났고, 오펜하이머는 '원자폭탄의 아버지'로 불리며 영웅 대접을 받게 됩니다.

하지만 그는 원자폭탄이 실제로 사용되는 것을 보고 깊은 충격과 죄책감에 빠지고 맙니다. 이후 미국 정부가 수소폭탄이라는 더 강력한 무기를 개발하려 하자 오펜하이머는 이를 공개적으로 반대했지요. 그러자 그는 공산주의자와 연관이 있다는 의심을 받으며 청문회에 불려 나갔고, 결국 모든 공직에서 물러나야 했어요. 비록 공산주의자라는 혐의는 벗었지만, 그는 더 이상 국가 프로젝트에 참여할 수 없었어요. 조용히 학문 활동을 이어가다 1967년 생을 마감했죠.

어휘 플러스

- **청문회**: 어떤 문제에 대하여 내용을 듣고 그에 대하여 물어보는 모임. 주로 국가 기관에서 입법 및 행정상의 결정을 내리기에 앞서 이해관계인이나 제삼자의 의견을 듣기 위하여 연다.

세상을 정복한 도전자

1 다음 빈칸에 들어갈 말을 이 글에서 찾아 쓰세요.

> 오펜하이머는 제2차 세계대전 시절 [ㅇㅈㅍㅌ]을 만들면 전쟁을 막을 수 있다고 생각했어요. 하지만 일본에 투하된 [ㅇㅈㅍㅌ]의 피해를 목격하고 죄책감에 싸였어요.

정답 ☐☐☐☐

2 이 글을 읽고 다음의 제2차 세계대전에 대한 설명 중 틀린 것을 고르세요.

① 제2차 세계대전은 일본의 승리로 끝났어요.
② 미국도 제2차 세계대전에 참전했어요.
③ 제2차 세계대전 당시 미국은 원자폭탄 개발에 앞장서 성공했어요.
④ 히로시마와 나가사키에 원자폭탄이 투하되자 일본은 끝내 항복했어요.

3 다음의 문장을 읽고 맞으면 ○표, 틀리면 X표를 하세요.

① 오펜하이머는 미국의 대표적인 물리학자예요. (   )
② 미국은 일본에 원자폭탄을 투하했어요. (   )
③ 오펜하이머는 원자폭탄 개발 이후, 수소폭탄 개발에도 힘을 쏟았어요. (   )
④ 원자폭탄을 개발하는 '맨해튼 프로젝트'는 공개적으로 진행되었어요. (   )

상식 플러스

오펜하이머를 다룬 책의 제목은 《아메리칸 프로메테우스》입니다. 왜 오펜하이머를 '프로메테우스'라고 칭했을까요? 프로메테우스는 제우스가 숨긴 불을 훔쳐 인간에게 선물한 그리스 신화 속의 인물입니다. 이 불의 사용으로 인간은 무기를 만들 수도 있었고, 연장을 만들어 농사를 지을 수도 있게 되었어요. 불의 사용으로 인간은 다른 동물이 감히 넘볼 수 없는 존재가 된 것이죠. 하지만 불은 잘못 사용했다가는 무서운 재앙이 됩니다. 오펜하이머가 만든 핵무기는 인류에게 어떤 존재일까요?

@로알 아문센

#극지탐험가 #인류최초남극점도착

인류 최초 남극 도달
로알 아문센

로알 아문센(Roald Amundsen)
1872~1928년
출생지: 노르웨이
직업: 극지 탐험가

영국의 극지 탐험가 로버트 스콧의 원정대는 오랜 고생 끝에 1912년 1월 17일, 남극점에 도착했어요. 하지만 그곳에는 이미 노르웨이 국기가 펄럭이고 있었지요. 불과 33일 전인 1911년 12월 14일, 로알 아문센이 인류 최초로 남극점에 발자국을 남긴 것이었어요. 원래 아문센은 북극점에 가장 먼저 도달하는 것이 목표였대요. 하지만 미국의 피어리가 이미 북극점을 정복했다는 소식을 듣고 목표를 바꾸어 남극으로 향했던 거죠. 아문센은 '남극점에 최초로 도달한 사람'이 되기로 마음먹은 거예요.

남극으로 출발할 당시 아문센은 영국의 스콧과 탐험 경쟁을 벌이게 되었어요. 스콧은 말을 이용해 이동했지만, 아문센은 몸이 가볍고 추위에 강한 개들을 이용해 개 썰매를 끌었답니다. 복장에서도 차이가 있었는데 스콧은 두꺼운 모직 옷을 입었고, 아문센은 북극 원주민들의 방식처럼 순록 가죽으로 만든 방한복을 입었어요. 또한 아문센은 이동 중에 식량을 미리 묻어 두는 방식으로 짐을 줄이고 속도를 높였어요. 이런 철저한 준비 덕분에 영하 40도가 넘는 남극의 추위 속에서도 탐험대는 55일을 견뎌 낼 수 있었죠.

1911년 12월 14일, 아문센과 네 명의 탐험대원은 드디어 남극점에 도달해 노르웨이 국기를 꽂았답니다. 인류 역사상 처음으로 남극점에 발을 디딘 순간이었어요. 남극의 혹독한 추위로 얼굴엔 동상이 생겨 피가 흐르고 있었지만, 그들은 그 자리에서 축하의 기념사진을 남겼지요. 하지만 아문센의 마지막은 알려지지 않은 채 마무리되었어요. 1928년 북극 항공 구조 작전에 나섰다가 실종되었고 끝내 행방불명되었답니다.

개 썰매를 끌고 남극점에 도착한 아문센

어휘 플러스

- **방한복**: 추위를 막기 위하여 입는 옷.
- **실종**: 종적을 잃어 간 곳이나 생사를 알 수 없게 됨.
- **행방불명**: 간 곳이나 방향을 모름.

세상을 정복한 도전자

1 인류 최초로 남극점에 도착한 노르웨이 탐험가의 이름은 무엇인가요?

정답 ☐ ☐ ☐ ☐ ☐

2 다음 중 아문센이 먼저 남극점 도달할 수 있었던 비결이 <u>아닌</u> 것을 고르세요.

① 최신식 모직 옷을 입었어요.
② 개 썰매로 이동했어요.
③ 순록의 가죽으로 만든 옷을 입었어요.
④ 이동하면서 중간중간 식량 저장고를 만들어 짐의 무게를 줄였어요.

3 다음 문장에서 밑줄 친 부분을 <u>바르게</u> 고쳐 보세요.

⑷ 아문센은 <u>북극점</u>에 최초로 도착한 인류입니다. (   )
⑷ 아문센은 <u>비행기</u>를 이용해 남극점을 정복했습니다. (   )

상식 플러스

남극점은 지구의 가장 남쪽 끝을 말해요. 남극해에 둘러싸여 있는 남극 대륙은 오스트레일리아 면적의 두 배에 달하는 거대한 땅이에요. 이 대륙의 98퍼센트는 얼음으로 뒤덮여 있고, 그 얼음의 평균 두께는 2킬로미터나 되지요.

#하늘의퍼스트레이디 #여성비행사 #대서양횡단

비행기로 대서양을 횡단한 최초의 여성
아멜리아 에어하트

아멜리아 에어하트(Amelia Earhart)
1897~1937년(실종)
출생지: 미국
직업: 비행사

　비행기를 처음 타고 하늘을 날아 본 날, 스물세 살의 아멜리아는 인생이 완전히 달라졌어요. 겨우 10분간의 비행이었지만 그녀는 하늘이 자신의 운명임을 직감했죠. 온갖 아르바이트로 번 돈을 탈탈 털어 비행 수업을 듣기 시작했답니다. 그리고 수업에 빠르게 적응한 그녀는 세계에서 16번째 여성 비행사가 되었어요.

　1928년 아멜리아는 남성 비행사 두 명과 함께 대서양 횡단 비행에 성공하며 큰 주목을 받았죠. 하지만 조종을 맡지 못하고 보조 승무원 역할만 했던 것에 대해 자괴감을 느꼈어요. 결국 1932년 혼자 힘으로 대서양 횡단에 나섰고, 비행 도중 고도계가 고장 나고 엔진이 멈추는 사고를 겪었지만 14시간 56분 만에 착륙에 성공했어요. 아멜리아는 대서양을 단독으로 횡단한 세계 최초의 여성 비행사가 되었으며 최단 시간 횡단 기록까지 세웠죠. 사람들은 그녀를 '창공의 여왕', '하늘의 퍼스트레이디'라 불렀답니다.

　그 뒤로 아멜리아는 더 큰 도전에 나섰어요. 1937년 지구를 한 바퀴 도는 대규모 비행에 착수해 한 달여 동안 대서양을 건너고 아프리카와 아시아까지 2만 2,000마일의 비행을 성공적으로 마쳤죠. 하지만 7,000마일가량 남은 태평양 상공에서 다급한 교신이 날아왔답니다. 연료가 떨어져 가는데 육지가 보이지 않는다는 내용이었어요. 그 마지막 교신 이후 ㉠아멜리아는 안타깝게도 창공에서 홀연히 사라졌어요.

어휘 플러스

- **창공**: 맑고 푸른 하늘.
- **교신**: 우편, 전신, 전화 따위로 정보나 의견을 주고받음.

세상을 정복한 도전자

1 다음 빈칸에 들어갈 말을 이 글에서 찾아 쓰세요.

1932년 아멜리아 에어하트는 여성 비행사 최초로 [ㄷㅅㅇ] 횡단에 성공했어요.

정답 ☐☐☐

2 이 글을 읽고 다음의 문장이 맞으면 ○표, 틀리면 X표를 하세요.

① 에어하트는 세계 제1호의 여성 비행사였어요. (   )
② 사람들은 에어하트를 '창공의 여왕', '하늘의 퍼스트레이디'라 불렀어요. (   )
③ 에어하트는 비행으로 지구 한 바퀴를 도는 도전에 성공했어요. (   )

3 이 글의 밑줄 친 ㉠과 뜻이 비슷한 단어는 무엇인가요?

① 행방불명(行方不明): 간 곳이나 방향을 알 수 없음.
② 오매불망(寤寐不忘): 자나 깨나 잊지 못함.
③ 혈혈단신(孑孑單身): 의지할 곳 없이 외로운 홀몸.

상식 플러스 ....

아멜리아는 짧고 경쾌한 헤어스타일에 멋스러운 가죽 점퍼를 입은 모습으로 잘 알려져 있어요. 당시에는 여성이 바지를 잘 입지 않던 시대라 그녀의 스타일은 더욱 큰 관심을 끌었죠. 이후 그녀는 자신의 패션 감각을 살려 실용적인 디자인 브랜드를 론칭했고, 큰 인기를 얻었대요.

@알렉산더 플레밍

#최초의항생제 #페니실린 #푸른곰팡이 #인류의수명연장 #노벨의학상

푸른곰팡이로 인류의 수명을 늘리다
알렉산더 플레밍

알렉산더 플레밍(Alexander Fleming)
1881~1955년
출생지: 영국
직업: 미생물학자

어느 날, 플레밍은 물에 빠져 허우적대던 한 소년을 구했어요. 귀족 집안 출신이었던 그 소년은 자신의 생명을 구해 준 시골 소년 플레밍과 친구가 되어 편지를 주고받으며 지냈어요. 초등학교를 졸업할 무렵, 귀족 소년은 플레밍에게 "앞으로 무엇을 하고 싶어?"라고 물었고 플레밍은 이렇게 대답했죠. "난 의학 공부를 하고 싶은데, 우리 집은 형편이 어려워. 아홉 남매 중 여덟째인 나까지 공부를 시킬 여유가 없거든." 그러자 안타까운 마음이 든 소년은 아버지에게 부탁해 플레밍이 런던에 와서 의과대학을 졸업할 수 있도록 도와주었어요. 플레밍은 그 덕분에 미생물학을 공부하게 되었는데, 도움을 준 그 소년은 훗날 영국의 수상이 된 윈스턴 처칠이었답니다!

몇 년 뒤, 대학병원에서 실험을 하던 플레밍은 포도상구균을 배양하던 접시에서 이상한 점을 발견했어요. 접시에 푸른곰팡이가 잔뜩 껴 있었고, 곰팡이가 핀 곳 주변의 포도상구균은 모두 사라져 있었던 거예요. 플레밍은 푸른곰팡이에 세균을 없애는 힘이 있다고 생각하고 실험을 거듭했어요. 그 결과 폐렴균과 포도상구균을 없애는 물질을 찾아냈고, 그 물질에 '페니실린'이라는 이름을 붙였죠. 페니실린은 인류가 처음으로 발견한 항생 물질이에요. 상처가 났을 때 곪거나 썩는 것을 막아 주고 폐렴 등의 세균성 감염에 효과가 있어 제2차 세계대전 중에는 수많은 부상자의 생명을 구했어요.

이뿐만이 아닙니다. 페니실린은 폐렴에 걸린 윈스턴 처칠의 생명을 구하는 데도 쓰였어요. 플레밍은 교육의 기회를 열어 준 은인의 생명을 두 번이나 구하게 된 셈이지요. 이후에도 플레밍의 페니실린은 항생 물질 연구의 시작점이 되었고, 인류의 평균 수명을 늘리는 데 큰 역할을 했어요. 푸른곰팡이에서 시작된 이 놀라운 발견은 지금도 수많은 생명을 지켜 주고 있답니다.

어휘 플러스

- **항생**: 두 종류의 미생물을 같은 배지에서 배양할 때, 한쪽 미생물이 다른 쪽 미생물의 생육을 억제하는 현상(배지: 식물이나 세균, 배양 세포 따위를 기르는 데 필요한 영양소가 들어 있는 액체나 고체).

세상을 정복한 도전자

1 다음이 설명하는 물질의 이름은 무엇일까요?

플레밍은 푸른곰팡이에서 포도상구균과 폐렴균을 없애는 이 물질을 발견했어요. 이 물질의 발견으로 상처가 곪거나 썩는 것을 방지할 수 있었고 인류의 수명이 연장됐어요.

정답 ☐☐☐☐

2 다음 중 플레밍에 대해 **잘못** 설명한 사람은 누구일까요?

[수영] 페니실린 덕분에 제2차 세계대전 때 많은 부상자의 생명을 구했어.
[소라] 가난해서 공부하기 힘들었던 플레밍을 지원해 준 사람은 윈스턴 처칠이였어.
[아영] 플레밍은 세균을 기르던 접시에 푸른곰팡이가 생긴 것을 보고 실망했어.
[민규] 플레밍의 페니실린은 최초의 항생제였어.

3 플레밍의 페니실린으로 고칠 수 있는 병이 **아닌** 것은 무엇일까요?

① 상처 치료
② 폐렴
③ 두통

> **상식 플러스**
>
> 항생제가 현대 의학에 도입되기 이전의 시대는 어땠을까요? 과거에는 상처 감염은 물론이고 폐렴, 결핵에만 걸려도 생명이 위험했어요. 영유아뿐 아니라 출산 과정에서 산모가 목숨을 잃는 일도 드물지 않았지요. 페니실린은 인류의 평균 수명을 연장해 준 일등 공신이랍니다.

#노벨평화상 #아프리카의료봉사 #철학박사
#신학박사 #오르간연주자

아프리카를 사랑으로 돌보다
알베르트 슈바이처

알베르트 슈바이처(Albert Schweitzer)
1875~1965년
출생지: 독일
직업: 의사, 철학자, 신학자, 연주자

　　　　　　　　　　알베르트 슈바이처는 아프리카에서 병원을 세우고 의술을 펼치며 봉사와 헌신의 삶을 살았던 인물이에요. 하지만 20대까지만 해도 그는 유럽에서 오르간 연주자로 이름을 날렸고, 철학과 신학 박사 학위를 지닌 다방면의 천재로 불렸어요. 음악, 학문, 종교 어느 분야에서나 뛰어난 재능을 보여 주었죠.

　그러다 서른 살이 되던 해, 그는 남을 위해 봉사하는 인생을 살기로 결심합니다. 특히 병에 걸려도 치료를 받지 못한 채 죽어가는 아프리카 사람들을 돕겠다고 마음먹었죠. 이후 의과대학에 입학해 공부를 시작했고, 1913년 아내와 함께 아프리카 가봉으로 떠났어요. ㉠그곳에서 직접 병원을 짓고, 낮에는 환자를 돌보고 밤에는 병원을 수리하는 등 밤낮없이 일했답니다.

　한번은 피부가 벗겨지고 냄새나는 환자가 병원에 왔었어요. 사람들은 모두 가까이 가기를 꺼렸지만 ㉡슈바이처는 말없이 무릎을 꿇고 그 사람의 발을 씻겨 주었어요. 환자는 눈물을 흘렸고, 주변의 다른 환자들도 조용히 그 모습을 지켜보았답니다. 그는 "사랑은 말로 하는 것이 아니라 행동으로 보여 주는 것이다."라고 말했어요. 그렇게 10년, 20년이 지나자 그의 이야기에 감동한 여러 나라 사람이 도움을 주기 시작했고, 의료 봉사를 위해 찾아오는 이들도 늘어났어요. 슈바이처는 1952년 노벨 평화상을 받았으며, 상금 전액도 아프리카 병원에 사용했답니다.

어휘 플러스

- **다방면**: 여러 다양한 분야.

세상을 정복한 도전자

1 다음 빈칸에 들어갈 말을 이 글에서 찾아 쓰세요.

알베르트 슈바이처는 아프리카 의료 봉사로 1952년 [ㄴ ㅂ ㅍ ㅎ ㅅ]을 받았어요.

정답 ☐☐☐☐☐

2 다음 중 슈바이처와 관련 없는 직업은 무엇인가요?

① 의사
② 오르간 연주자
③ 신학 박사
④ 천문학자

3 이 글의 밑줄 친 ㉠과 ㉡에 해당하는 사자성어는 무엇인가요?

① 주마간산(殺身成仁): 자세히 살피지 아니하고 대충대충 보고 지나감을 이르는 말.
② 살신성인(殺身成仁): 자기의 몸을 희생하여 인(仁)을 이룸.
③ 고진감래(苦盡甘來): 쓴 것이 다하면 단 것이 온다는 뜻으로, 고생 끝에 즐거움이 옴을 이르는 말.

상식 플러스

슈바이처를 의사이자 선교사로만 알고 있는 경우가 많아요. 하지만 그는 20세기 최고의 신학자 중 한 명이었으며, 목사로서 활동하기도 했어요. 음악에도 진심이어서 바흐에 관한 책을 펴냈고, 오르간 연주 실력도 수준급이었다고 해요.

@알베르트 아인슈타인

#상대성이론 #노벨물리학상 #천재과학자 #핵무기폐기운동

현대 물리학의 아버지
알베르트 아인슈타인

알베르트 아인슈타인(Albert Einstein)
1879~1955년
출생지: 독일(스위스와 미국에서 활동)
직업: 과학자

아인슈타인을 떠올리면 헝클어진 머리카락과 장난기 가득한 웃음이 먼저 생각날 거예요. 한 기자가 그의 독특한 머리 스타일에 대해 묻자 그는 이렇게 대답했어요. "내 머리를 빗는 데 시간을 낭비하느니, 차라리 그 시간에 더 중요한 생각을 하겠다." 이 일화는 과학에 대한 그의 열정과 독특한 성격을 잘 보여주는 이야기랍니다.

인류에 큰 업적을 남긴 과학자인 아인슈타인은 사실 어린 시절부터 '천재'였던 건 아니었어요. 말을 배우는 속도도 느렸고, 학교에 다닐 때는 수학과 과학을 제외하면 다른 과목에서는 낙제를 받을 정도였대요. 대학도 간신히 졸업한 뒤, 스위스 특허청에서 근무하게 되었지요. 그러던 중 아인슈타인은 1905년 '특수 상대성 이론'을 발표하게 됩니다. 이 이론은 그동안 사람들이 당연하게 여겼던 갈릴레이나 뉴턴의 물리학을 새롭게 바라보게 만들었고, 시간과 공간에 대한 생각을 완전히 바꿔 놓았어요. 1916년에는 '일반 상대성 이론'을 발표합니다. 그리고 마침내 이론 물리학에 대한 공로와 광전효과 법칙의 발견으로 1921년 노벨 물리학상까지 수상하게 되었지요.

그는 독일에 나치 정권이 들어서자 1933년 미국으로 이주합니다. 그리고 제2차 세계대전 중에는 독일의 승리를 막기 위해 미국이 먼저 원자폭탄을 만들어야 한다고 주장했어요. 미국이 먼저 원자폭탄을 만들면 독일이 항복할 것이라고 생각했거든요. 하지만 그의 생각과 달리 미국은 1945년 실제로 일본에 원자폭탄 두 발을 투하하고 말았어요. 이후 아인슈타인은 자신의 연구가 사람들을 해치게 된 현실에 슬퍼하며 핵무기 폐기 운동에 힘을 쏟았어요. 평화를 지키기 위한 활동에 앞장섰던 거예요. 그리고 1955년 자신의 뇌를 의학 연구에 사용하라는 유언을 남기고 76세의 나이로 세상을 떠납니다.

어휘 플러스

- **물리학**: 물질의 물리적 성질과 그것이 나타내는 모든 현상, 그리고 그들 사이의 관계나 법칙을 연구하는 학문. 자연 과학의 한 분야이다.

세상을 정복한 도전자

1 다음 빈칸에 들어갈 말을 이 글에서 찾아 쓰세요.

[ㅇㅂㄹㅌ ㅇㅇㅅㅌㅇ]은 광전효과 법칙으로 노벨 물리학상을 받았어요.

정답 ☐☐☐☐ ☐☐☐☐

2 본문을 읽고, 아인슈타인의 일생을 순서에 맞게 나열해 보세요.

① 독일에서 출생
② 노벨 물리학상 수상
③ 스위스 특허국에 취업
④ 핵무기 폐기 운동

( ) → ( ) → ( ) → ( )

3 아인슈타인에 대해 가장 잘 설명한 사람은 누구인가요?

[윤재] 아인슈타인은 어려서부터 천재로 주목받았어.
[현지] 독일 나치의 승리를 위해 원자폭탄을 만들자고 제안했어.
[선우] 노벨 평화상을 수상했어.
[다연] 특수 상대성 이론과 일반 상대성 이론으로 물리학에 업적을 남겼어.

상식 플러스

노벨상은 스웨덴의 발명가이자 기업가인 '알베르트 노벨'의 재산과 유언으로 만들어진 상입니다. 매년 인류에게 큰 공헌을 한 사람에게 주는 아주 명예로운 상이지요. 이 상은 물리학, 화학, 생리·의학, 문학, 평화 등 여러 분야로 나누어 수여합니다.

〈정답〉 **1** 알베르트 아인슈타인 **2** 1, 3, 2, 4 **3** 다연

#소아마비 #소크백신 #태양에도특허권은없다

소아마비의 공포에서 인류를 구하다
조너스 소크

조너스 소크(Jonas Edward Salk)
1914~1995년
출생지: 미국
직업: 의학박사

1940년대 초, 미국의 아이들 사이에서 무서운 전염병이 퍼지기 시작했어요. 이 병에 걸리면 처음엔 팔과 다리가 마비되고 이어서 전신이 마비되었죠. 심한 경우 목숨을 잃기도 했어요. 이 병의 이름은 '척수성 소아마비'예요. 당시 미국에서는 한 해에 약 5만 8,000명이 소아마비에 걸렸고, 그중 3,000명 이상이 사망했어요. 전 세계가 소아마비의 공포에 휩싸였지요.

이때 의사이자 바이러스학자였던 조너스 소크 박사는 소아마비 백신 개발에 본격적으로 돌입합니다. 그는 살아 있는 바이러스가 아니라 죽은(불활성화된) 바이러스를 이용해 백신을 만드는 방법을 연구했어요. 사람들에게 신뢰를 주기 위해 소크 박사는 아내와 세 아들, 그리고 자신에게 먼저 백신을 직접 투여했죠. 이후 무려 180만 명에 달하는 어린이들을 대상으로 한 임상시험이 성공적으로 마무리되었고, 1955년 마침내 백신 사용이 공식 허가되었습니다. 그 결과 미국에서는 1979년을 마지막으로 소아마비가 자취를 감췄어요.

소크 박사는 백신으로 큰돈을 벌 기회가 있었지만 수많은 사람을 살리는 길을 택했지요. 그는 백신의 특허권을 포기하고 제조법을 전 세계에 공개했어요. 어느 날 누군가 그에게 "이 백신의 특허는 누구에게 있나요?"라고 묻자 그는 이렇게 대답했습니다. "특허권은 없습니다. 태양에도 특허권이 없잖아요." 이 말은 많은 사람의 가슴에 깊은 인상을 남겼어요. 덕분에 인류는 소아마비라는 무서운 병에서 벗어날 수 있었답니다.

어휘 플러스

- **백신**: 전염병에 대하여 인공적으로 면역을 주기 위해 생체에 투여하는 항원의 하나.
- **돌입하다**: 세찬 기세로 갑자기 뛰어들다.
- **임상시험**: 신약, 백신, 의료기기, 치료법 등이 인체에 안전하고 효과가 있는지를 평가하기 위해 사람을 대상으로 수행하는 시험.

세상을 정복한 도전자

1 다음 빈칸에 들어갈 말을 이 글에서 찾아 쓰세요.

조너스 소크의 백신 개발 성공으로 인류는 [ㅅㅇㅁㅂ] 전염병의 공포에서 벗어났어요.

정답 ☐☐☐☐

2 이 글의 내용과 <u>일치하는</u> 것을 고르세요.

① 1980년대 어린이들 사이에서 소아마비 전염병이 유행했어요.
② 소크 박사는 백신 임상 실험의 실패로 병에 걸리고 말았어요.
③ 소크 박사는 백신 개발의 성공으로 큰돈을 벌었어요.
④ 소크 박사는 백신 제조법을 공개했어요.

3 다음 중 <u>맞는</u> 말을 한 사람은 누구인가요?

[예원] 소아마비 백신의 개발로 오늘날에는 이 병이 거의 사라졌어.
[가온] 조너스 소크는 "태양에도 특허권이 있다."라며 백신 제조법을 독점했어.

상식 플러스

특허권은 어떤 발명에 대해 인정되는 독점적이고 배타적인 권리를 말해요. 쉽게 말하면 발명의 공로를 인정하고 장려하기 위해 특정 개인이나 기관에게 일정 기간 그 발명에 대한 권리와 경제적 이익을 보호해 주는 제도예요. 이처럼 특허권은 지식재산을 보호하기 위해 법으로 정해 놓은 장치랍니다.

〈정답〉 1 소아마비 2 ④ 3 예원

@에디슨

#전기의아버지 #시대의라이벌 #직류 #교류
#DC #AC #전류전쟁

전류 전쟁의 승자는?
에디슨 vs. 테슬라

에디슨(Thomas Alva Edison)
1847~1931년
출생지: 미국
직업: 발명가, 사업가

많은 사람이 에디슨을 '발명왕'이라고 부르지요. 사실 에디슨은 발명뿐 아니라 그것을 실제로 써먹을 수 있도록 사업화하는 데도 아주 능했어요. 대표적으로 백열전구를 만든 것으로 유명하죠. 하지만 그 외에도 발전기, 전선, 전기 공급 시스템 등을 갖추어 전기 산업 전체를 이끄는 사업가였답니다. 에디슨은 110V 직류(DC) 전기를 사용해 전력을 공급했어요. 하지만 직류 방식은 멀리까지 전기를 보내기 어렵고, 발전소를 여러 군데 세워야 하는 단점이 있었어요.

그 무렵 교류(AC) 방식이 더 뛰어나다고 믿는 오스트리아 출신의 젊은 과학자가 등장합니다. 그의 이름은 테슬라(1856~1943년, 전기공학자)였죠. 테슬라는 원래 에디슨 회사에서 일하면서 에디슨이 원하는 직류 방식을 더 효율적으로 만드는 일을 맡았답니다. 그는 정말 열심히 연구해서 성과를 냈지만, 처음부터 교류에 관심이 없었던 에디슨은 테슬라를 제대로 인정하지 않고 푸대접했어요. 결국 테슬라는 회사를 떠나고, 에디슨과 '전류 전쟁'을 벌이게 되었지요.

그러던 중 '웨스팅하우스'라는 회사가 테슬라의 교류 방식에 주목했어요. 이 회사는 교류 전기의 가능성을 알아보고, 테슬라의 특허를 사들이며 적극적으로 지원했답니다. 사람들 사이에 점점 교류 전기의 장점이 알려지기 시작하자 에디슨은 경쟁에 지지 않으려고 각종 권모술수까지 동원했어요. 예를 들어 교류 전기가 위험하다는 인식을 퍼뜨리기 위해 동물에게 전기를 흘려보내는 실험을 공개하기도 했죠. 하지만 결국 15년에 걸친 전류 전쟁은 테슬라가 이끄는 교류 방식의 승리로 끝났어요. 지금 우리가 쓰는 전기는 모두 교류 방식이고, 현재 우리나라도 220V 교류 전기를 사용하고 있답니다.

니콜라 테슬라

어휘 플러스

- **푸대접**: 정성을 들이지 않고 아무렇게나 하는 대접.
- **권모술수**: 목적 달성을 위하여 수단과 방법을 가리지 아니하는 온갖 모략이나 술책.

세상을 정복한 도전자

1. 다음 빈칸에 들어갈 말을 이 글에서 찾아 쓰세요.

에디슨이 주장했던 [ㅈㄹ] 방식과 테슬라가 주장했던 [ㄱㄹ] 방식의 전류 전송 방식 대립은 결국 테슬라의 [ㄱㄹ] 방식의 승리로 마무리되었어요.

정답 ☐☐ , ☐☐ , ☐☐

2. 다음 중 이 글의 내용과 다른 것을 고르세요.

① 에디슨은 발명가이자 사업가였어요.
② 테슬라는 에디슨의 회사에서 일한 적이 있었어요.
③ 테슬라와 에디슨은 전구 개발에 힘썼어요.
④ 현재는 테슬라의 교류 방식이 국제 표준이에요.

3. 다음 중 에디슨의 업적이 아닌 것을 고르세요.

① 전구를 발명했어요.
② 전력을 공급하는 회사를 설립했어요.
③ 오스트리아 출신의 테슬라를 회사에 고용했어요.
④ 현재 전류의 표준이 되는 교류 방식을 고집했어요.

상식 플러스

에디슨은 널리 알려진 전구 외에도 축음기, 영화 촬영기 등의 다양한 발명을 했고 평생 1,093개나 되는 발명 특허를 냈답니다. 많은 사람이 전구를 최초로 발명한 사람이 에디슨이라고 알고 있지만, 사실은 그렇지 않아요. 에디슨이 정말 뛰어났던 점은 발전소에서 생산된 전기를, 전선을 통해 각 가정에 공급하는 전력 시스템 전체를 만든 것이었어요. 제아무리 전구를 개발했다 해도 그런 전력 시스템이 없다면 전구를 사용할 수 없었겠지요.

@J.P.모건

#현대금융의아버지 #합병의달인 #타이타닉

경제 위기에서 미국을 살린 금융가
J.P.모건

존 모건(John Pierpont Morgan)
1837~1913년
출생지: 미국
직업: 국제적 금융가

　　　　　　　　　　　　J.P. 모건은 돈을 아주 똑똑하게 다루어 큰 회사를 만들고, 나라가 어려울 때는 히어로처럼 나선 은행가이자 사업가예요. 그는 은행을 만들어 사람들과 기업의 돈을 안전하게 관리하고 늘려 주는 일을 했어요. 모건은 뛰어난 금융 감각을 가진 천재 금융가였죠.

　그는 위기에 빠진 회사를 도와주거나 여러 회사를 합병해서 더 큰 회사로 바꾸는 일을 잘했답니다. 전구를 만든 에디슨의 회사를 지원해 훗날 세계적인 기업인 제너럴 일렉트릭이 탄생할 수 있었죠. 그뿐만이 아닙니다. 여러 철강 회사를 합병해 세계 최대 철강 회사 중 하나인 US스틸도 만들어 냈어요.

　미국에 큰 금융 위기가 닥친 1907년 모건은 주요 은행들을 불러 모아 긴급 회의를 열고, 자신의 돈과 다른 은행들의 자금을 모아 막대한 금액을 시장에 풀었어요. 정부보다 더 빠르고 정확하게 위기를 해결한 덕분에 미국 경제는 큰 위기에서 ㉠회생할 수 있었죠. 그래서 사람들은 그를 두고 경제를 살린 영웅이라 불렀어요. 모건이 만든 회사는 지금도 전 세계에서 손꼽히는 금융 기업으로 남아 있답니다.

미국 금융의 상징 월스트리트

어휘 플러스

- **합병**: 둘 이상의 기구나 단체, 나라 따위가 하나로 합쳐짐.

세상을 움직인 경제인

1 다음 빈칸에 들어갈 <u>나라 이름</u>을 이 글에서 찾아 쓰세요.

> J.P.모건은 [ㅁㄱ]에 경제 위기가 닥쳤을 때 히어로처럼 나와 문제를 해결했어요.

정답 ☐☐

2 다음 중 이 글의 내용과 맞지 <u>않는</u> 것은 무엇인가요?

① 에디슨이 만든 회사는 제너럴 일렉트릭이라는 회사가 되었어요.
② US스틸은 작은 철강 회사들을 합병해서 만든 회사예요.
③ 미국에 금융 위기가 닥쳤을 때, 돈을 저금하고 아껴서 위기를 해결했어요.
④ J.P. 모건이 만든 회사는 지금도 세계에서 손꼽히는 큰 은행 중 하나예요.

3 이 글의 밑줄 친 ㉠의 뜻과 비슷한 말로 알맞은 것은 무엇일까요?

① 회복하다: 원래의 상태로 돌이키거나 원래의 상태를 되찾다.
② 침체되다: 어떤 현상이나 사물이 진전하지 못하고 제자리에 머무르게 되다.
③ 쇠퇴하다: 기세나 상태가 쇠하여 전보다 못하여 가다.

상식 플러스

'타이타닉호'는 1912년 영국에서 출발한 세계에서 가장 크고 화려한 여객선의 이름이에요. 타이타닉은 출항 후 빙산과 충돌해 침몰하면서 수많은 사상자를 낳은 비극적인 사건의 상징으로 남았죠. J.P. 모건은 이 배를 만든 회사의 가장 큰 투자자였고, 원래는 1등석에 탑승할 예정이었대요. 하지만 그는 출항 며칠 전 일정을 바꾸면서 배에 오르지 않았고, 그 덕분에 목숨을 건질 수 있었어요.

@샘 올트먼

#챗GPT #오픈AI #인공지능시대를열다

인공지능 시대를 여는 젊은 혁신가
샘 올트먼

샘 올트먼(Sam Altman)
1985년~
출생지: 미국
직업: 기업인

여덟 살 생일날, 부모님이 선물해 준 맥킨토시 컴퓨터는 샘 올트먼에게 인생을 바꾸는 계기가 되었습니다. 그날 이후 컴퓨터는 그의 가장 친한 친구가 되었죠. 올트먼은 어릴 때부터 영재적인 면모를 보였고, 10대 시절에는 게임도 즐기고 스포츠 활동도 활발히 하던 사교적인 학생이었대요. 이후 스탠퍼드대학교 컴퓨터공학과에 진학했지만 1년 만에 자퇴를 결심했어요. 부모님은 걱정했지만, 올트먼은 "매일 혁신이 벌어지는 이 시대에 연구실 안에서 변화를 지켜만 볼 수는 없다."고 말하며 새로운 길을 선택했죠.

그는 친구의 위치를 휴대전화로 확인할 수 있으면 좋겠다는 아이디어를 발전시켜 '루프트(Loopt)'라는 서비스를 만들었어요. 기술은 앞서 있었지만, 아직 스마트폰이 널리 보급되지 않았던 시기라 큰 성공을 거두지는 못했죠. 그래도 올트먼은 도전을 멈추지 않았고, 다양한 창업가와 함께하며 경험을 쌓았어요.

마침내 올트먼은 오픈AI라는 회사를 만들어 인공지능 개발에 뛰어들었어요. 그러다 2022년 드디어 챗GPT를 세상에 선보였죠. 마치 사람처럼 생각하고 말하는 이 인공지능 서비스는 전 세계를 놀라게 했답니다. 지금도 챗GPT는 놀라운 속도로 발전하고 있어요. 스스로 생각하고 대화하는 인공지능의 시대가 본격적으로 열린 거죠. 앞으로 인간은 어떤 세상을 맞이하게 될까요? 그리고 샘 올트먼은 그 미래를 위해 어떤 새로운 도전을 이어 갈까요?

어휘 플러스

- **자퇴:** 스스로 물러남.

세상을 움직인 경제인

1 다음 빈칸에 들어갈 알맞은 말을 이 글에서 찾아 쓰세요.

샘 올트먼은 인공지능 서비스인 [   ]를 만들어 세상을 놀라게 했어요.

정답 ☐☐☐☐

2 이 글을 읽고 다음의 문장이 맞으면 ○표, 틀리면 X표를 하세요.

① 샘 올트먼은 스탠퍼드대학을 우수한 성적으로 졸업했어요. (   )
② 샘 올트먼은 맥킨토시 컴퓨터를 개발했어요. (   )
③ 2022년에 선보인 인공지능 서비스인 챗GPT는 놀라운 속도로 발전하고 있어요. (   )

3 다음 중 샘 올트먼을 표현하는 단어로 알맞은 것을 골라 색칠해 보세요.

혁신적   고전적   위협적   선구적

상식 플러스

실리콘밸리의 성공 주역들인 빌 게이츠, 스티브 잡스, 샘 올트먼, 일론 머스크, 마크 저커버그에게는 공통점이 있어요. 모두 세계적인 명문대학이나 대학원에 입학했지만 졸업하지 않았다는 점이죠. 그들은 하나같이 세상에 더 빨리 나가 자신의 아이디어를 실현하고 싶어 했던 거예요.

〈정답〉 1 챗GPT 2 X, X, O 3 혁신적, 선구적

#애플 #아이폰 #맥킨토시 #혁신의아이콘 #아이팟 #아이패드

생활 방식을 바꾼 혁신의 아이콘
스티브 잡스

스티브 잡스(Steve Jobs)
1955~2011년
출생지: 미국
직업: 기업인

　　　　　　　　　검은색 목폴라와 청바지를 입은 사나이. 애플을 창업한 스티브 잡스는 새로운 제품을 소개할 때마다 항상 같은 옷차림으로 무대에 섰어요. 매일 옷을 고르는 데 쓰는 시간과 에너지를 아껴 창의적인 일에 더 집중하고 싶었기 때문이에요.

　1976년 스티브 잡스가 창업한 애플은 맥 컴퓨터, 아이팟, 아이폰 등 혁신적인 제품을 만들어 사람들의 생활 방식을 완전히 바꿔 놓았어요. 1984년에 개발한 컴퓨터 '맥킨토시'는 전문가만 쓰던 컴퓨터를 일반 가정, 사무실, 학교에서 누구나 쉽게 사용할 수 있는 시대를 열었어요. 그리고 마우스를 사용하는 첫 개인용 컴퓨터이기도 했죠. 2001년에 출시된 '아이팟'은 CD나 테이프 없이 음악 파일을 구입해 들을 수 있는 새로운 음악 문화를 만들었답니다.

　그리고 2007년에는 스마트폰의 시대를 연 '아이폰'이 등장했어요. 전화, 인터넷, 음악, 카메라까지 하나로 쓸 수 있는 작은 컴퓨터 같은 휴대폰이었죠. 손바닥 안에서 모든 일을 처리할 수 있는 이 스마트폰은 이후 전 세계 사람들의 생활 습관과 소통 방식을 크게 바꿔 놓았답니다.

　2011년 스티브 잡스는 췌장암으로 세상을 떠났어요. 하지만 그는 죽기 직전까지도 열정적으로 일하며 '아이패드'를 출시했고, 애플 본사의 새로운 '사옥(Apple Park)'도 직접 설계해 발표했어요. 이 사옥은 우주선처럼 둥근 형태의 친환경 건물로, 직원들이 자연과 기술 속에서 창의적으로 일할 수 있도록 만든 그의 마지막 선물이었대요.

어휘 플러스

- **출시**: 상품이 시중에 나옴. 또는 상품을 시중에 내보냄.
- **사옥**: 회사가 있는 건물.

> 세상을 움직인 경제인

1 다음 빈칸에 들어갈 말을 이 글에서 찾아 쓰세요.

스티브 잡스는 항상 검정 목폴라와 [ㅊㅂㅈ]를 입었어요.

정답 ☐☐☐

2 다음 중 애플과 관련된 키워드를 골라 색칠하세요.

아이폰   맥킨토시   아이패드

맥드라이브   아이팟   전기차

3 다음 중 스티브 잡스를 혁신의 아이콘이라 일컫는 이유와 거리가 먼 것은 무엇일까요?

① 스마트폰을 처음으로 출시했어요.
② 개인용 컴퓨터의 시대를 열었어요.
③ CD와 테이프 대신 음악 파일을 사서 들을 수 있는 아이팟을 만들었어요.
④ 췌장암을 고칠 수 있는 신약을 개발했어요.

상식 플러스

스티브 잡스는 한때 경영진과의 갈등으로 애플에서 쫓겨난 적이 있었어요. 그때 잡스는 3D 그래픽 회사를 인수했고, 그 회사의 이름을 픽사(Pixar)라고 지었죠. 초기에는 적자만 기록하며 어려움을 겪었지만, 1995년 〈토이 스토리〉가 흥행에 성공하면서 픽사는 세계 최고의 애니메이션 회사로 떠올랐어요. 이후 디즈니가 픽사를 높은 가격에 인수했답니다.

〈정답〉 **1** 청바지 **2** 아이폰, 맥킨토시, 아이패드 **3** ④

투자의 귀재, 기부왕으로 거듭나다
워런 버핏

#투자의귀재 #복리의법칙 #장기투자 #가치투자 #검소한억만장자 #기부왕

워런 버핏(Warren Buffett)
1930년~
출생지: 미국
직업: 사업가, 투자가

　워런 버핏은 어릴 때부터 돈을 모으고 불리는 일에 남다른 관심을 가졌어요. 복리의 법칙과 장기 투자의 중요성을 일찍이 깨달았죠. 복리란 일정 기간이 지나면 원금에 이자가 붙고 그 이자에도 다시 이자가 붙는 방식으로, 시간이 흐를수록 자산이 기하급수적으로 늘어나는 원리예요. 장기 투자란 단기간의 이익을 노리기보다 오랜 시간에 걸쳐 안정적으로 투자하는 방식을 말합니다.

　1956년 그는 단돈 100달러의 자본으로 투자를 시작했어요. 이후 여러 회사를 인수하며 기업을 성장시켰고, 투자자들에게도 높은 수익을 안겨 주었죠. 버핏에게는 분명한 원칙이 있었어요. 기업의 내재 가치와 성장 가능성을 분석해 우량기업의 주식을 사서 오랫동안 보유하는 방식, 즉 '가치투자'예요. 그는 이러한 방식으로 큰 성공을 거두며 결국 '투자의 귀재'라 불리게 되었고, 미국 최고의 갑부 중 한 명이 되었어요.

　버핏은 엄청난 부를 일구고도 늘 검소한 생활을 유지하고 있어요. 도시의 대저택 대신 고향 오마하에 있는 오래된 집에서 지금까지 살고 있죠. 그 집은 무려 1958년에 구입한 집이랍니다. 자동차도 중고차를 사서 10년 넘게 탄답니다. 평소 즐겨 먹는 점심도 맥도날드 햄버거라고 해요. 그의 삶은 외적인 화려함보다 내적인 원칙과 신념을 더 중시하는 모습이죠.

　버핏이 다른 부호들과 달리 존경받는 이유는 막대한 부를 자신만을 위해 쓰지 않고 사회와 인류를 위해 나눈다는 점이에요. 그는 '재산은 결국 사회에 환원되어야 할 보관증과 같다'고 생각했어요. 2006년 그는 자기 전 재산의 99퍼센트를 기부하겠다고 공개적으로 약속했고, 지금도 그 약속을 실천하며 수많은 생명을 살리고 세상을 바꾸는 데 기여하고 있어요.

어휘 플러스

- **인수**: 물건이나 권리를 건네받음.
- **귀재**: 세상에서 보기 드물게 뛰어난 재능. 또는 그런 재능을 가진 사람.
- **환원**: 본디의 상태로 다시 돌아감. 또는 그렇게 되게 함.

> 세상을 움직인 경제인

1 다음 [ ] 안에 들어갈 말을 골라 ○표 하세요.

워런 버핏은 돈을 모으는 방법으로 [복리 / 단리]의 법칙과 [단기 / 장기] 투자가 중요함을 깨달았어요.

2 이 글을 읽고 다음 [ ] 안에 들어갈 말을 채워 보세요.

워런 버핏은 [ㄱㅊㅌㅈ] 방식을 고수했어요. [ㄱㅊㅌㅈ]는 기업의 가치와 성장률에 근거한 우량기업의 주식을 장기간 보유하는 것을 말해요.

정답 □□□□

3 다음 중 워런 버핏의 인생과 <u>거리가 먼</u> 것은 무엇인가요?

① 점심 식사로 맥도날드 햄버거를 즐겨 먹었어요.
② 고향의 시골 마을 집에서 살고 있어요.
③ 어렸을 때 셈이 느린 아이였어요.
④ 세계적인 부호가 돼서 재산을 기부하고 있어요.

상식 플러스 ··

워런 버핏은 2010년부터 빌 게이츠와 함께 부자들의 기부 운동인 '더 기빙 플레지(The Giving Pledge)'를 시작했어요. 이 운동에는 페이스북 창업자 마크 저커버그, 오라클 회장 래리 엘리슨, 전 뉴욕시장 마이클 블룸버그 등이 참여했고, 수많은 자산가가 재산의 절반 이상을 기부하도록 이끌었어요.

#미키마우스 #최초의장편애니메이션 #디즈니랜드 #꿈의마법사

상상한 것을 현실로, 꿈의 마법사
월트 디즈니

월트 디즈니(Walt Disney)
1901~1966년
출생지: 미국
직업: 사업가, 만화영화 제작자

월트 디즈니는 어린이 친구들에게 아주 친숙한 인물이죠. 너무나도 유명한 미키 마우스와 도널드 덕 같은 캐릭터들을 만들어 냈어요. 이 캐릭터들을 이용해 1928년 최초로 소리가 나오는 만화 영화인 <증기선 윌리>를 제작했죠. 이는 애니메이션 역사상 처음 있는 일이었어요. 이어 1937년에는 세계 최초의 장편 애니메이션 영화 <백설 공주와 일곱 난쟁이>를 선보이며, 애니메이션도 영화로 인정받을 수 있다는 것을 보여 주었답니다.

디즈니는 애니메이션 영화의 성공에 만족하지 않았어요. 사람들이 직접 캐릭터를 만나고, 상상이 현실이 되는 공간을 만들고 싶었죠. 그래서 만든 것이 바로 디즈니랜드랍니다. 1955년 미국 캘리포니아에서 처음 문을 연 디즈니랜드는, 지금은 프랑스, 일본, 중국 등 여러 나라에서 만나볼 수 있어요. 놀이공원 안에서는 디즈니 캐릭터들과 함께 걷고, 다양한 영화 속 세상도 체험할 수 있답니다.

월트 디즈니는 아주 작은 만화 제작소에서 출발해 꿈을 향해 끊임없이 도전했어요. 풍부한 상상력과 포기하지 않는 노력 덕분에 디즈니는 지금도 전 세계에서 사랑받는 이름이 되었죠. 이제 디즈니는 세계에서 가장 유명한 영화 회사 중 하나랍니다. 최근에는 우리가 사랑하는 <겨울왕국>, <모아나>, <코코> 같은 작품들을 만들었어요.

그뿐만이 아닙니다. <아이언맨>, <스파이더맨> 같은 슈퍼히어로 캐릭터로 유명한 마블(Marvel)도 디즈니 소속이에요. '상상한 것을 실제로 만들어 보자'는 월트 디즈니의 생각은 지금까지도 이어지고 있어요. 그래서 사람들은 그를 '꿈의 마법사'라고 부른답니다.

어휘 플러스

- **소속**: 일정한 단체나 기관에 딸림. 또는 그 딸린 곳.

세상을 움직인 경제인

1 다음 빈칸에 들어갈 말을 이 글에서 찾아 쓰세요.

> 월트 디즈니가 탄생시킨 대표적인 캐릭터는 [ㅁㅋ ㅁㅇㅅ]입니다.
> 이 캐릭터를 주인공으로 해 처음으로 소리가 나는 만화 영화를 만들었어요.

정답 ☐☐ ☐☐☐

2 다음 중 월트 디즈니의 업적이 <u>아닌</u> 것은 무엇인가요?

① 세계 최초로 소리가 나는 만화 영화를 만들었어요.
② 세계 최초의 장편 애니메이션 영화를 만들었어요.
③ 디즈니랜드를 만들었어요.
④ 아이언맨, 스파이더맨 등의 히어로 캐릭터를 창작했어요.

3 다음 중 월트 디즈니가 만든 놀이공원의 이름은 무엇일까요?

① 디즈니랜드
② 유니버셜 스튜디오
③ 에버랜드

상식 플러스

'아카데미상'은 영화계의 올림픽 금메달처럼 아주 중요한 상이에요. 흔히 '오스카상'이라고도 부르는데, 그 이유는 상으로 주는 트로피가 '오스카(Oscar)'라는 이름의 남자 조각상이기 때문이에요. 그런데 이 오스카상을 가장 많이 받은 사람이 누군지 아세요? 무려 22번이나 수상해 아카데미 역사상 최다 수상을 기록한 인물은 바로 월트 디즈니랍니다.

@일론 머스크

#전기차 #자율주행 #화성이주 #태양광에너지

미래에서 온 남자
일론 머스크

일론 머스크(Elon Musk)
1971년~
출생지: 남아프리카공화국
직업: 기업인, 엔지니어, 투자자

지구의 기후 변화, 혹은 대규모 전쟁으로 지구에서 살기 힘들어지면 어떻게 해야 할까요? 혹은 지구를 벗어나 새로운 별에서 살아보고 싶다면요? 일론 머스크는 인류가 화성으로 이주할 수 있는 미래를 준비하고 있어요. 그가 만든 우주 탐사 기업 스페이스X는 스타십이라는 커다란 우주선을 만들고 있는데, 이 우주선은 사람과 짐을 화성까지 실어나를 수 있는 우주 교통수단이에요. 이 낯설고 거대한 계획을 실현하기 위해 수많은 실패를 거듭하고 있지만, 그 과정을 통해 기술력은 크게 진일보하고 있답니다.

우리가 가장 잘 아는 일론 머스크의 대표적인 성과는 바로 전기차 회사 테슬라지요. 테슬라는 전기차의 선도 기업으로 잘 알려져 있고, 자율주행 기술에서도 앞서 나가고 있어요. 또한 태양 에너지로 전기를 생산해 충전하는 인프라 구축 사업도 함께 진행 중이에요. 머스크는 단순히 자동차를 만든 것이 아니라, 지속 가능한 에너지 생태계를 만들려는 비전을 실현해 가고 있는 거예요.

머스크는 우리가 꿈꾸던 미래를 가장 앞장서서 현실로 바꾸고 있는 인물입니다. ㉠아무도 해 보지 않았던 최초의 도전 앞에서 실패와 좌절도 숱하게 겪었죠. 하지만 그는 오히려 "실패하지 않는다면, 충분히 혁신하고 있지 않은 것이다."라고 말합니다. 그리고 언제나 실패의 원인을 철저히 분석해 같은 실수를 반복하지 않도록 개선해 나간답니다. 일론 머스크는 처음부터 완벽해서 성공한 사람이 아니라, 실패해도 다시 일어났기 때문에 성공한 사람이에요.

스페이스X 발사실험

어휘 플러스

- **진일보**: 한 걸음 더 나아간다는 뜻으로, 한 단계 더 높이 발전해 나아감을 이르는 말.
- **숱하다**: 아주 많다.

세상을 움직인 경제인

1 다음 빈칸에 들어갈 말을 이 글에서 찾아 쓰세요.

일론 머스크는 전기차 회사 [ㅌㅅㄹ]의 CEO입니다.

정답 ☐☐☐

2 다음 중 일론 머스크가 꿈꾸는 세상과 가장 거리가 먼 것은 누구의 말일까요?

[민준] 언젠가는 자동차 운전을 직접 하지 않고도 이동할 수 있을 거야.
[재민] 태양 에너지로 자동차를 충전할 수 있어.
[건휘] 금성으로 여행할 수 있는 날이 다가오고 있어.

3 이 글의 밑줄 친 ㉠과 어울리는 사자성어는 무엇인가요?

① 칠전팔기(七顚八起): 여러 번 실패하여도 굴하지 아니하고 꾸준히 노력함을 이르는 말.
② 백전백승(百戰百勝): 싸울 때마다 다 이김.
③ 사면초가(四面楚歌): 아무에게도 도움을 받지 못하는, 외롭고 곤란한 지경에 빠진 형편을 이르는 말.

상식 플러스

일론 머스크는 어린 시절 친구들에게서 따돌림을 당했었다고 해요. 그러다 보니 책과 보내는 시간이 많았고, 손에 집히는 대로 책을 읽었대요. 컴퓨터도 머스크의 친구였어요. 열두 살 때 직접 컴퓨터 프로그래밍을 한 우주 배경 슈팅 게임 '블라스터(Blastar)'를 만들어 잡지사에 500달러(한화 약 69만 원)나 받고 팔기도 했답니다.

@존 록펠러

#석유왕 #최고부자 # 록펠러재단 #세계최대자선기구

미국의 석유왕, 자선사업가로 이름을 남기다
존 록펠러

존 록펠러(John Davison Rockefeller)
1839~1937년
출생지: 미국
직업: 기업인, 자선사업가

석유가 주요 연료로 쓰이기 시작한 1870년 록펠러는 31세의 나이에 '오하이오 스탠더드 석유회사'를 세웠어요. 그가 살던 오하이오주는 석유는 많았지만, 이를 운송할 수단이 부족한 낙후된 지역이었죠. ㉠하지만 철도가 연결되면서 유통망이 확보되자 그의 석유 사업은 빠르게 번창했어요.

㉡세계적으로 석유 의존도가 높아질수록 록펠러의 사업은 더욱 커졌고, 마침내 미국 정유 시장의 90퍼센트를 차지하는 독보적인 기업으로 성장하게 됩니다. 1880년대에는 세계 원유의 80퍼센트를 공급하며 세계적인 석유 기업으로 자리 잡았죠. 그뿐만이 아닙니다. 록펠러는 53세의 나이에 세계 최고 부자가 되었어요. 그는 석유로 번 이윤을 바탕으로 광산, 철도, 은행, 석유 소비재 분야까지 사업을 확장했답니다. 하지만 시장을 지나치게 장악한 결과, 독점 판정을 받아 회사가 강제로 해체되기도 했어요.

그런데도 록펠러는 생애 후반부를 자선과 선행에 힘쓰며 보냈지요. 그는 기부를 통해 기쁨을 얻었고, 건강하게 97세까지 살다 생을 마감했어요. 그의 이름은 지금도 '록펠러재단'이라는 세계 최대 자선기구를 통해 이어지고 있어요. 시카고대학교의 성장과 UN 본부 부지 기부, 의학 발전과 교회 학교 설립 등 사회적 약자를 위한 기부와 지원을 아끼지 않았고, 지금까지도 선한 영향력을 남기고 있답니다.

어휘 플러스

- **낙후:** 기술이나 문화, 생활 따위의 수준이 일정한 기준에 미치지 못하고 뒤떨어짐.
- **번창:** 번화하게 창성함.

세상을 움직인 경제인

1 다음 빈칸에 들어갈 말을 이 글에서 찾아 쓰세요.

세계 최고 부자였던 록펠러가 남긴 자선기구의 이름은 [ㄹㅍㄹ] 재단입니다.

정답 ☐☐☐

2 이 글의 밑줄 친 ㉠과 ㉡에 어울리지 않는 사자성어는 무엇인가요?

① 일취월장(日就月將): 나날이, 다달이 자라거나 발전함.
② 승승장구(乘勝長驅): 싸움에 이긴 기세를 타고 계속 몰아침.
③ 소탐대실(小貪大失): 작은 것을 탐하다가 오히려 큰 것을 잃음.

3 이 글을 읽고, 다음 중 록펠러재단이 한 일이 아닌 것을 고르세요.

① 미국의 시카고대학교에 기부했어요.
② 국제기구 UN 본부 부지를 기부했어요.
③ 첨단기술 사업에 투자했어요.
④ 의학과 교육 분야에 기부했어요.

상식 플러스

2016년 록펠러재단은 석유를 비롯한 화석연료 투자에서 손을 떼겠다고 공식 발표했어요. 석유로 막대한 부를 이룬 록펠러 가문이 무려 1세기 만에 내린 큰 결단이었죠. 재단은 기후 위기의 시대에 사회적 책임을 공감하며 "현존하는 천연자원을 보존하고, 인간과 생태계가 좀 더 오래 살아남을 수 있도록 노력해야 한다."고 밝혔어요.

〈정답〉 1 록펠러 2 ③ 3 ③

최초의 자동차를 만든
카를 벤츠

#최초의자동차 #세계최초의자동차여행

카를 벤츠(Karl Friedrich Benz)
1844~1929년
출생지: 독일
직업: 발명가, 사업가

고급 자동차의 대명사로 불리는 '메르세데스-벤츠(Mercedes-Benz)'는 독일의 기계공학자 카를 벤츠가 만든 자동차 회사예요. 그는 배터리를 이용한 시동 장치, 점화 플러그, 속도 조절 시스템, 클러치와 기어 시스템 등 지금의 자동차에 적용되는 핵심 기술을 직접 고안해 세계 최초의 내연기관 자동차를 개발했어요. 마침내 1886년 인류의 역사를 바꾼 최초의 자동차가 세상에 나왔죠. 세 개의 바퀴와 핸들, 의자가 달린 이 자동차는 오늘날 우리가 아는 자동차의 시작이었어요.

당시 사람들은 여전히 말이 끄는 마차를 타고 다녔기 때문에 혼자 움직이는 자동차를 보고 매우 신기해했답니다. 하지만 한편으로는 '안전할까?', '과연 쓸모가 있을까?' 하는 의구심과 불안감 때문에 쉽게 구매하지 못했다고 해요. 자동차는 사람들에게 낯선 존재였고 판매는 저조했죠.

이때 카를 벤츠의 아내 베르타 벤츠(Bertha Benz, 1849~1944)가 용기 있고 영리한 도전에 나섰어요. 남편이 만든 자동차를 몰고 약 106킬로미터 떨어진 친정집까지 직접 운전해 가기로 결심한 거죠. 직접 장거리 주행에 성공한다면 사람들의 이목을 끌테니 자동차가 얼마나 놀라운 발명품인지 입증할 수 있을 거라 믿었답니다.

연료도 공구도 없이 길을 나선 베르타는 중간에 연료가 떨어지면 약국에서 리그로인(석유계 용제)을 구해 넣고, 기화기 노즐이 막히면 머리핀으로 뚫고, 와이어가 닳으면 스타킹으로 묶고, 브레이크가 닳으면 구두 수선공에게 가죽끈을 부탁해 수리하며 운전을 했어요. 그녀가 평소 남편의 기계 제작을 도왔던 경험이 큰 힘이 되었죠. 이 여행은 훗날 '세계 최초의 자동차 여행'으로 인정받아 2011년 독일 정부가 공식 기록으로 남겼어요. 베르타가 달렸던 길은 '베르타 벤츠 기념 노선'으로 지정됐고, 연료를 구하러 들렀던 약국은 세계 최초의 주유소가 되었답니다. 그녀의 도전은 자동차 시대를 여는 데 큰 역할을 했어요.

> **어휘 플러스**
>
> ▪ **고안**: 연구하여 새로운 안을 생각해 냄.   ▪ **의구심**: 믿지 못하고 두려워하는 마음.

세상을 움직인 경제인

1 다음 빈칸에 들어갈 말을 이 글에서 찾아 쓰세요.

세계 최초의 자동차를 만든 사람은 독일의 [ㅋㄹ ㅂㅊ]입니다. 그 차를 이용해 최초의 자동차 여행을 한 사람은 그의 아내 [ㅂㄹㅌ ㅂㅊ]입니다.

정답 ☐☐ ☐☐, ☐☐☐ ☐☐

2 이 글을 읽고 다음의 문장이 맞으면 ○표, 틀리면 X표를 하세요.

① 카를 벤츠의 최초의 자동차는 사람들에게 큰 인기를 끌었어요. (   )
② 당시의 자동차는 바퀴가 네 개였어요. (   )
③ 벤츠의 아내는 남편의 자동차가 쓸모 있을지 의심하고 불안해했어요. (   )
④ 벤츠의 아내는 106킬로미터에 달하는 최초의 자동차 여행에 성공했어요. (   )

3 이 글에서 추측할 수 있는 내용을 잘못 말한 사람은 누구인가요?

[다솜] 독일 자동차 브랜드 '메르세데스 벤츠'는 자동차를 만든 사람의 이름을 따왔구나.
[소연] 혁신적인 발명품도 처음에는 관심을 못 끌 수도 있구나.
[현서] 베르타 벤츠의 용감한 시도 덕분에 자동차 시대가 앞당겨졌구나.
[지훈] 최초의 자동차는 100킬로 미터 이상 연료 없이 달릴 만큼 성능이 뛰어났구나.

> **상식 플러스**
>
> 자동차의 탄생 덕분에 지난 160여 년 동안 인류는 한층 편리한 삶을 누릴 수 있었어요. 하지만 점점 심각해지는 지구 온난화 문제로, 내연기관 자동차가 배출하는 이산화탄소는 이제 큰 골칫거리가 되었어요. 오늘날 각국 정부와 국제 기구들은 내연기관 자동차의 생산을 줄이고, 수소나 전기를 동력으로 사용하는 자동차의 생산을 확대하기 위해 힘쓰고 있답니다.

👤 ▼세계 기록을 정복한 운동선수

살아 있는 축구의 전설
리오넬 메시

@리오넬 메시

#발롱도르최다수상 #바르셀로나전설 #아르헨티나월드컵우승

리오넬 메시(Lionel Messi)
1987년~
출생지: 아르헨티나
직업: 축구선수

　리오넬 메시는 5세부터 축구를 시작해 유소년 팀에서 활약했어요. 타고난 축구 감각과 눈에 띄는 드리블 실력을 가졌지만, 또래 선수들보다 매우 왜소했죠. 병원 검진 결과 성장 호르몬이 거의 분비되지 않는 병이었어요. 그는 포기하지 않고 성장 호르몬 주사를 맞으며 축구를 계속했지만, 아르헨티나의 경제 상황 때문에 치료비가 큰 부담이 되었답니다.

　결국 13세에 스페인의 바르셀로나로 건너가 입단 테스트를 받았어요. 하지만 바르셀로나 구단도 그를 영입하는 걸 망설였습니다. 메시를 영입하면 치료를 계속 지원해야 할뿐더러, 당시엔 어린 외국인 선수를 데려오는 일이 드물었거든요. 구단 입장에선 큰 모험이었죠. 하지만 결국 바르셀로나에 입단하게 되면서 메시의 전설이 시작됐어요.

　메시는 바르셀로나에서 21년 동안 활약하며 '바르셀로나의 전설'로 불리게 됩니다. 778경기에서 672골을 넣으며 클럽 역사상 최다 득점자가 되었고, 축구 최고의 영예로 꼽히는 '발롱도르'를 여덟 번 수상해 최다 수상 기록을 세웠죠. 그리고 2022년 카타르 월드컵에서는 아르헨티나를 우승으로 이끌며 국민 영웅이 되었어요. 훌륭한 축구 실력과 겸손한 태도로, 메시는 전 세계 축구팬들의 모범이 되고 있답니다.

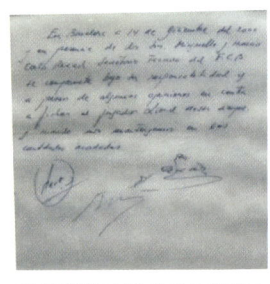

메시를 바르셀로나로 데려온 냅킨 계약서

어휘 플러스

- **입단**: 어떤 단체에 가입함.
- **영입하다**: 환영하여 받아들이다.

세계 기록을 정복한 운동선수

1 다음 빈칸에 들어갈 말을 이 글에서 찾아 쓰세요.

> FC 바르셀로나 축구팀의 전설이며, 아르헨티나를 2022년 월드컵 우승팀으로 만든 선수는 [ㄹㅇㄴ ㅁㅅ]입니다.

정답 ☐☐☐ ☐☐

2 다음 중 리오넬 메시와 관련된 키워드를 모두 골라 색칠하세요.

(아르헨티나 출신) (발롱도르 역대 최다 수상) (스페인 국가대표)

3 다음 중 리오넬 메시의 기록과 관련이 없는 것은 무엇인가요?

① 발롱도르 8회 역대 최다 수상
② 2022년 월드컵 아르헨티나 우승
③ 13세에 프로팀 입단
④ 홈런 672회 최다 기록

상식 플러스

리오넬 메시의 '냅킨 계약(Napkin Contract)'은 역사적인 사건으로 남았어요. 2000년, FC 바르셀로나는 메시의 뛰어난 축구 실력을 인정하면서도 그의 왜소한 체격과 어린 나이를 이유로 정식 계약을 망설이고 있었어요. 더는 기다릴 수 없었던 메시의 아버지가 다른 팀과 협상하겠다며 자리를 뜨려 하자 그제야 FC 바르셀로나의 한 스카우터가 레스토랑에서 급히 냅킨 위에 계약 내용을 적고 서명했죠. 이렇게 작성된 '냅킨 계약서'는 2024년 경매에서 약 13억 원에 낙찰되며 또 한 번 화제가 되었어요.

#농구의전설 #에어조던 #NBA챔피언

명불허전 농구의 전설
마이클 조던

마이클 조던(Michael Jordan)
1963년~
출생지: 미국
직업: 농구 선수

"나는 수많은 슛을 놓쳤고, 수많은 경기에 졌다. 하지만 그 실패 덕분에 나는 성공할 수 있었다." 이 말은 NBA 챔피언에 여섯 번이나 오른 미국의 전설적인 농구 선수 마이클 조던이 남긴 명언입니다. ㉠실패를 반복하더라도 포기하지 않고 계속하다 보면 결국 좋은 결과를 얻을 수 있다는 뜻이지요.

조던이 처음부터 농구를 잘했던 건 아니었어요. 고등학교 농구부에 지원했지만 키가 작다는 이유로 선발되지 못했지요. 하지만 포기하지 않고 꾸준히 실력을 쌓은 그는 결국 대학 농구팀에 들어가 활약했고, 이후 프로 농구 리그인 NBA에 입단하게 되었답니다. '시카고 불스'라는 팀에서 그의 활약은 대단했어요. 그는 팀을 여섯 번이나 우승으로 이끈 주역이 되었고, 그가 달았던 등번호 23번은 영구 결번으로 지정되어 기념되고 있답니다.

1980~1990년대 위성 방송 기술의 발달로 전 세계 농구 팬들이 그의 경기를 실시간으로 볼 수 있었던 것도 조던의 인기와 무관하지 않았어요. 세계 각국의 팬들이 TV 앞에 모여 그의 경기를 지켜봤거든요. 조던의 시원한 덩크슛, 빠른 움직임, 특히 하늘을 나는 듯한 점프는 팬들의 마음을 사로잡았어요. 사람들은 그의 점프가 마치 하늘을 나는 것 같다고 해서 '에어 조던(Air Jordan)'이라는 별명을 붙였죠. 그리고 그 별명을 따서 농구화 브랜드도 만들었답니다. 그 브랜드는 지금까지도 큰 인기를 얻고 있으며, 조던은 성공한 사업가로서도 명성을 이어가고 있어요.

덩크슛을 하고 있는 조던

어휘 플러스

- **주역**: 주된 역할. 또는 주된 역할을 하는 사람.

세계 기록을 정복한 운동선수

1 다음 빈칸에 들어갈 말을 이 글에서 찾아 쓰세요.

> 마이클 조던의 별명은 '점프할 때 하늘을 나는 것 같다'는 의미의
> [ㅇㅇ ㅈㄷ]입니다.

정답 ☐☐ ☐☐

2 다음 중 마이클 조던에 대한 설명으로 옳지 <u>않은</u> 것을 고르세요.

① 고등학교 농구부에서 그를 최우선으로 선발했어요.
② 시카고 불스(Chicago Bulls) 팀에서 큰 활약을 펼쳤어요.
③ 그의 별명을 따서 농구화 브랜드를 만들었어요.
④ 조던은 성공한 사업가이기도 해요.

3 이 글의 밑줄 친 ㉠과 어울리는 속담은 무엇인가요?

① 공든 탑이 무너지랴: 성실하게 노력한 결과물은 쉽게 무너지지 않는다.
② 믿는 도끼에 발등 찍힌다: 믿고 있던 일이나 사람한테 배신을 당해 해를 입는다.
③ 밑 빠진 독에 물 붓기: 애써 했지만 아무 보람이 없는 경우.
④ 우물 안 개구리: 넓은 세상을 알지 못해서 견문이 좁은 경우.

상식 플러스

농구에서 최고의 자리에 오른 조던은 어느 날 돌연 은퇴를 선언하더니, 갑자기 야구 유니폼을 입고 야구장에 나타났어요. 사람들은 처음엔 장난인 줄 알았지요. 하지만 조던은 어린 시절부터 품었던 꿈을 이루기 위해 진지하게 야구 선수에 도전했다고 해요. 그는 미국 마이너리그 팀에 입단해 훈련하고 경기에 나섰지만, 야구 실력은 농구만큼 뛰어나지는 않았어요. 새로운 종목에 적응하는 건 생각보다 훨씬 어려웠던 거예요. 결국 조던은 1년 만에 다시 농구 코트로 돌아왔답니다.

@무하마드 알리

#레전드복서 #세계챔피언 #나비처럼날아벌처럼쏜다

나비처럼 날고, 벌처럼 쏜다
무하마드 알리

무하마드 알리(Muhammad Ali)
1942~2016년
출생지: 미국
직업: 복싱 선수

빠른 발놀림과 강력한 펀치로 전 세계를 사로잡은 글로벌 복싱 스타. 무하마드 알리가 경기에 출전하면 전 세계 사람들이 TV 앞에 모여들었어요. 헤비급 선수였지만 그의 움직임은 마치 발레를 추듯 가볍고 유연했죠. 알리는 자신의 복싱을 두고 "나는 나비처럼 날아 벌처럼 쏜다."라고 표현한 걸로도 유명합니다. 이 말은 그의 상징이 되었고, 지금도 많은 사람들에게 기억되고 있어요.

1960년, 알리는 로마 올림픽 라이트헤비급에서 ㉠금메달을 따 고향에 돌아왔어요. 미국 국가대표로서 큰 성과를 거뒀지만 여전히 미국 사회에는 뿌리 깊은 인종차별이 남아 있었어요. 환멸을 느낀 그는 아마추어 선수 생활을 접고, 프로 선수로 전향했죠. 이후 알리는 헤비급 역사상 처음으로 세계 챔피언 타이틀을 세 번이나 차지했고, 총 61번의 경기 중 56번을 이겼으며, 그중 37번은 KO승이었어요.

하지만 전성기에도 시련은 찾아왔습니다. 1967년, 미국은 베트남전쟁 중이었고 정부는 징병령을 내렸어요. 알리는 전쟁에 반대하며 징병을 거부했고, 이 일로 챔피언 타이틀과 선수 자격을 모두 박탈당했어요. 그는 법정에서 "나는 링 위에서 싸우는 선수이지, 싸우고 싶지 않은 나라와는 싸우지 않는다."라고 밝혔죠. 결국 미국 연방대법원은 알리의 양심적 병역 거부를 인정해 무죄 판결을 내렸죠.

알리는 복서로서의 실력뿐 아니라 자신의 신념과 목소리로도 깊은 인상을 남긴 인물이에요. 그는 흑인 인권 운동에 앞장섰고, 많은 흑인에게 용기와 자존감을 안겨주었어요. 선수 생활을 마친 뒤에도 인종차별 해소, 평화 증진, 아동 권익 보호를 위한 활동에 힘쓰며 단순한 스포츠 스타를 넘어 더 나은 세상을 만드는 데 기여한 인물로 기억되고 있어요.

어휘 플러스

- **전향하다:** 방향을 바꾸다.
- **징병:** 국가가 법령으로 병역 의무자를 강제적으로 징집하여 일정 기간 병역에 복무시키는 일.

세계 기록을 정복한 운동선수

1 다음 빈칸에 들어갈 말을 이 글에서 찾아 쓰세요.

복싱 선수 [ㅁㅎㅁㄷ ㅇㄹ]는 스포츠 스타이며, 흑인 인권 운동에도 앞장섰어요.

정답 ☐ ☐ ☐ ☐ ☐ ☐

2 이 글의 밑줄 친 ㉠과 어울리는 사자성어는 무엇인가요?

① 금의환향(錦衣還鄕): 비단옷을 입고 고향에 돌아온다는 뜻으로, 출세하여 고향에 돌아감을 이르는 말.
② 조삼모사(朝三暮四): 간사한 꾀로 사람을 속여 희롱함을 이르는 말.
③ 사필귀정(事必歸正): 모든 일은 결국 바른 길로 돌아간다는 뜻으로, 정의는 반드시 이긴다는 말.

3 이 글을 읽고 추측할 수 있는 내용 중 잘못 말한 것은?

① 복싱의 무거운 체급을 헤비급이라고 하는구나.
② 1967년 미국과 베트남은 전쟁 중이었구나.
③ 무하마드 알리는 베트남전쟁 징병을 거부해서 결국 유죄 판정을 받았구나.
④ 무하마드 알리의 실력과 신념에 찬 모습은 흑인들의 자존감을 높여줬겠어.

상식 플러스

무하마드 알리는 은퇴 후, 1984년 파킨슨병 진단을 받고 투병했어요. 하지만 그는 끝까지 인권, 평화, 자선 활동에 앞장섰죠. 1996년 애틀랜타 올림픽에서는 파킨슨병 때문에 떨리는 손으로 성화를 들고 점화해 사람들에게 깊은 울림을 줬어요.

@세레나 윌리엄스

#그랜드슬램23회우승 #자매테니스선수 #테니스여제

여성 테니스의 여제
세레나 윌리엄스

세레나 윌리엄스(Serena Jameka Williams)
1981년~
출생지: 미국
직업: 테니스 선수

    세레나 윌리엄스는 여자 테니스 역사상 가장 위대한 선수 중 한 명이에요. 테니스에는 세계적으로 유명한 네 개의 대회가 있는데, 호주 오픈, 프랑스 오픈, 윔블던, US 오픈을 통틀어 '그랜드슬램'이라고 불러요. 세레나는 이 네 대회를 통틀어 단식에서 무려 23회, 복식과 혼합 복식을 포함해 총 39회(단식 23회, 복식 14회, 혼합 복식 2회)의 그랜드슬램 타이틀을 차지했어요. 이는 여자 단식 부문에서 역대 최다 우승 기록 중 하나랍니다. 전 세계 여성 스포츠 선수 중 가장 많은 상금을 받은 인물로도 꼽혀요.

    어린 시절 세레나 윌리엄스는 캘리포니아 컴프턴 지역에서 자랐어요. 그곳은 훈련 시설이 부족하고, 환경도 썩 좋지 않았죠. 아버지는 낮에는 일하고, 밤에는 세레나와 언니 비너스를 직접 가르쳤어요. 연습장이 따로 없어 공터에서 훈련하는 날이 많았답니다. 그래도 아버지는 딸들의 재능을 믿고 정성을 다했고, 세레나와 비너스도 힘든 훈련을 묵묵히 견뎌냈죠. 아마추어 시절에는 경기장에서 야유를 받거나 인종차별을 당하는 일도 있었어요. 기자들이 그녀의 실력보다는 외모나 태도에 주목하며 무시한 적도 많았고요.

    하지만 세레나는 "나는 테니스 코트에서 실력으로 말할 거야."라고 말했어요. 그리고 말 그대로 보여줬죠. 백인 중심이던 테니스 무대에서 당당히 최고의 자리에 올라선 그녀는 힘 있고 빠른 경기 스타일로 여성 테니스의 흐름 자체를 바꿔 놓았죠. 2022년 은퇴한 이후에는 패션 디자이너, 사업가, 자선 활동가로 활동하며 여성 권리와 흑인 인권을 위한 목소리도 꾸준히 내고 있답니다.

어휘 플러스

- **아마추어:** 예술이나 스포츠, 기술 따위를 취미로 삼아 즐겨 하는 사람.

세계 기록을 정복한 운동선수

1 다음 빈칸에 들어갈 말을 이 글에서 찾아 쓰세요.

테니스의 그랜드슬램 23회 우승을 기록한 선수는 [ㅅㄹㄴ ㅇㄹㅇㅅ]입니다.

정답 ☐☐☐ ☐☐☐☐

2 다음 중 테니스의 4대 국제 대회가 <u>아닌</u> 것은 무엇인가요?

① 프랑스 오픈
② 윔블던
③ US 오픈
④ 월드컵
⑤ 호주 오픈

3 다음 중 세레나 윌리엄스와 관련이 <u>없는</u> 것을 고르세요.

① 모든 스포츠를 통틀어 가장 많은 상금을 받은 여성 선수입니다.
② 어릴 적 형편이 어려워서 공터에서 훈련했어요.
③ 경기장에서 야유를 받거나 인종차별을 겪기도 했어요.
④ 남동생과 함께 테니스 연습을 했어요.

상식 플러스

세레나와 언니 비너스 윌리엄스 자매는 테니스 역사에 길이 남을 전설적인 선수들이에요. 서로 최고의 라이벌이자 가장 든든한 동반자였죠. 두 사람은 주요 대회 결승전에서 무려 아홉 번이나 맞붙었고, 함께 복식 경기에 출전해 호흡을 맞추기도 했어요. 서로를 더욱 빛나게 하며, 테니스의 흐름을 바꾼 자매로 기억되고 있답니다.

@오타니 쇼헤이

#야구천재 #메이저리거 #투수타자만능선수

야구 천재
오타니 쇼헤이

오타니 쇼헤이(Ohtani Shohei)
1994년~
출생지: 일본
직업: 야구 선수

오타니 쇼헤이는 일본 출신의 야구 선수예요. 지금은 미국 메이저리그(MLB)에서 가장 주목받는 선수 중 한 명이지요. 오타니는 시속 160킬로미터를 넘는 빠른 공을 던지는 강속구 투수이면서 동시에 안타와 홈런 기록을 계속해서 경신하고 있는 뛰어난 타자이기도 합니다. 야구 선수가 투수와 타자 역할을 모두 잘해내는 경우는 매우 드물기 때문에 그는 메이저리그에서도 독보적인 존재감을 뽐내고 있답니다.

오타니는 뛰어난 실력뿐만 아니라 훌륭한 인성과 예의 바른 태도로도 많은 사람의 존경을 받고 있어요. 경기 전에 몸을 풀러 나올 때 쓰레기를 줍는 모습이 종종 포착되며, 남들이 보지 않는 순간에도 항상 반듯하고 겸손하게 행동하죠. 어린이 팬들에게도 성심껏 사인해 주고, 인터뷰할 때도 기자들에게 예의 바르고 정중하게 답하는 선수로 잘 알려져 있어요.

오타니는 학창 시절 '오타니식 목표 설정표'를 만들어 꾸준히 실천한 것으로도 유명해요. 이 목표 설정표는 가운데에 최종 목표를 적고, 그것을 이루기 위한 여덟 개의 구체적인 방법을 둘러싸듯 정리하는 구조예요. 고등학생이었던 오타니는 시속 160킬로미터의 공을 던지는 것을 목표로 삼았답니다. 그리고 체력 키우기, 멘털 관리, 기술 향상, 인성 개발, 생활 습관 개선, 정보 수집, 목표 설정 및 평가, 건강 관리 등 여덟 가지 항목을 세웠어요. 각 항목마다 세부 계획을 정리해 실천한 이 노력이 오늘날 오타니를 만든 일등공신인 셈이에요.

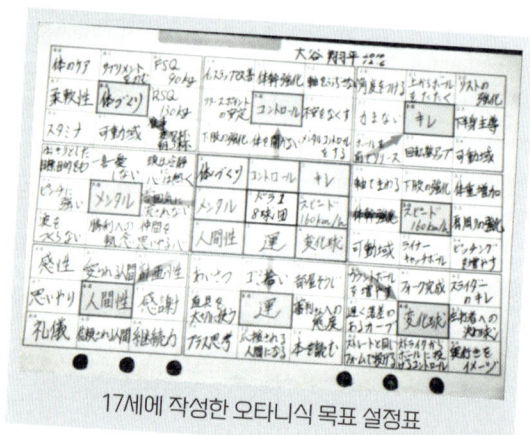

17세에 작성한 오타니식 목표 설정표

어휘 플러스

- **포착되다**: 어떤 기회나 정세가 알아차려지다.

세계 기록을 정복한 운동선수

1 다음 빈칸에 들어갈 말을 이 글에서 찾아 쓰세요.

오타니 쇼헤이는 흔치 않게 공을 던지는 [ㅌㅅ]와 공을 치는 [ㅌㅈ] 역할을 둘 다 잘해서 야구 천재라고 불려요.

정답 ☐☐, ☐☐

2 이 글을 읽고 다음의 문장이 맞으면 ○표, 틀리면 X표를 하세요.

① 오타니 쇼헤이는 미국 NBA에서 주목받는 농구 선수입니다. (   )
② 오타니 쇼헤이는 뛰어난 투수입니다. (   )
③ 오타니 쇼헤이는 뛰어난 타자입니다. (   )
④ 오타니 쇼헤이는 어린이 팬들에게는 엄격한 편입니다. (   )

3 오타니 쇼헤이가 학창 시절 실천했던 목표 설정표에 포함되지 <u>않는</u> 것은 무엇인가요?

① 체력 키우기
② 생활 습관 개선
③ 인성 개발
④ 컴퓨터로 야구 게임하기

> **상식 플러스**
>
> 사람들은 오타니 쇼헤이를 미국의 전설적인 야구 선수 베이브 루스와 비교해요. 100년이 넘는 메이저리그 역사에서 '투수'와 '타자' 두 포지션 모두에서 정상급 활약을 펼친 선수는 이 두 사람뿐이거든요. 최근 오타니는 홈런과 승리, MVP 수상 등 여러 기록에서 이미 베이브 루스를 넘어서는 활약을 보이며, 역사적인 선수로 자리매김하고 있답니다.

지구에서 가장 빠른 사나이
우사인 볼트

@우사인 볼트
#라이트닝볼트 #번개세리머니 #지구에서가장빠른남자

우사인 볼트(Usain Bolt)
1986년~
출생지: 자메이카
직업: 육상 선수

'지구에서 가장 빠른 남자.' 번개처럼 빠르다는 뜻에서 '라이트닝 볼트'라는 별명을 가진 남자, 우사인 볼트는 육상 100미터와 200미터 세계 신기록 보유자예요. 2008년 베이징 올림픽에서 100미터 경기가 시작되자 세계 각국의 시청자들은 숨을 죽이며 경기에 집중했어요. 곧이어 23세의 자메이카 선수 우사인 볼트가 9.69초의 기록으로 결승선을 통과하며 세계 신기록을 세웠답니다. 그 경기를 지켜본 사람들은 일제히 감탄했고, 그는 결승선에 들어오기 직전 가슴을 두드리는 여유 있는 세리머니까지 선보였죠.

이듬해 열린 2009년 베를린 세계육상선수권대회에서는 100미터를 9.58초에 주파하며 자신의 기록을 경신했어요. 이 기록은 2025년 현재까지도 깨지지 않은 세계 기록으로 남아 있답니다. 자신이 세운 기록을 다시 뛰어넘으며, 그는 전설적인 선수로 자리매김했죠.

우사인 볼트의 승리 세리머니도 매우 유명해요. 몸을 약간 옆으로 돌린 채 왼팔은 아래로, 오른팔은 위로 활시위를 당기듯 쭉 뻗어 손가락으로 하늘을 가리켜요. 그의 별명 '라이트닝 볼트'에서 따온 이 포즈는 '번개 세리머니'로 널리 알려져 있어요. 평소에도 유쾌한 성격으로 유명한 그는 주변 사람들에게 늘 즐거움을 주는 선수랍니다.

어휘 플러스

- **경신하다**: 기록경기 따위에서, 종전의 기록을 깨뜨리다.

세계 기록을 정복한 운동선수

1 다음 빈칸에 들어갈 말을 이 글에서 찾아 쓰세요.

육상 선수인 우사인 볼트의 별명 [ㄹㅇㅌㄴ ㅂㅌ]는 '번개처럼 빠르다'는 뜻이에요.

정답 ☐☐☐☐ ☐☐

2 다음 중 우사인 볼트와 관련된 내용과 거리가 먼 것을 고르세요.

① 2008년 베이징 올림픽에서 100미터 9.69초로 금메달을 땄어요.
② 2009년 베를린 세계육상선수권대회에서 100미터 9.58초로 기록을 경신했어요.
③ 유쾌한 승리 세리머니가 유명해요.
④ 그의 신기록은 곧바로 깨졌어요.

3 우사인 볼트는 어느 나라 선수인가요? 해당하는 국기를 고르세요.

①  ②  ③

상식 플러스

보통 단거리 육상에서는 키가 너무 크면 불리하대요. 키가 너무 크면 초기 스타트 반응이나 가속에서 불리하고, 균형을 유지하기도 어렵다고 해요. 하지만 우사인 볼트는 196센티미터의 큰 키와 긴 다리로 느린 스타트를 극복했고, 약 2.7~2.8미터의 보폭을 활용해 좋은 결과를 냈다고 하네요.

@타이거 우즈

#골프의대중화 #타이거효과 #빨간상의 #검정하의

스포츠의 인종차별을 깨다
타이거 우즈

엘드릭 톤트 우즈(Eldrick Tont Woods)
1975년~
출생지: 미국
직업: 골프 선수

골프는 오랫동안 백인 중심의 스포츠로 여겨졌어요. 타이거 우즈는 그 인종 장벽을 허문 상징적인 인물이자 골프를 대중적인 스포츠로 바꾸는 데 큰 영향을 끼친 선수예요. 그는 흑인과 아시아계 혼혈로 "나는 흑인 골퍼가 아니라 그냥 최고의 프로 골퍼가 되고 싶다."라고 말했답니다. 그 말처럼 우즈는 인종을 넘어서는 실력과 존재감으로 전 세계 팬들의 사랑을 받았어요.

우즈는 두 살 때부터 골프채를 잡기 시작했대요. 어린 시절부터 TV 프로그램에 출연해 어른들도 넣기 힘든 퍼팅을 성공시키며 골프 신동으로 주목받았지요. 그리고 1997년 스물한 살의 나이에 '마스터스' 대회에서 역대 최연소 우승을 거머쥐며 세계를 깜짝 놀라게 했어요. 젊은 선수의 압도적인 활약은 골프가 '어른들이 하는 스포츠'라는 인식을 깨고 '젊고 쿨한 스포츠'라는 이미지로 바뀌게 만들었어요. 그 이후 골프를 배우려는 어린이와 청소년들이 많이 늘었고, 시청률과 골프용품 매출도 함께 상승했어요. 이런 현상을 가리켜 사람들은 '타이거 효과'라고 부르지요.

물론 우즈에게도 힘든 시기는 있었어요. ㉠부상과 개인적인 문제로 오랜 시간 슬럼프를 겪으며 성적이 부진했지만, 그는 끝까지 포기하지 않았죠. 그리고 마침내 11년 만에 마스터스 대회에서 다시 우승을 거머쥐며 극적인 복귀를 알렸답니다. 많은 팬이 그 순간을 보며 눈시울을 붉혔죠. 그는 "나는 완벽하지 않다. 하지만 절대 포기하지 않는다."라는 말을 남겼어요. 그 우승은 단지 경기의 승리를 넘어 긴 슬럼프의 종식을 알리는 역사적인 순간이 되었답니다.

어휘 플러스

- **거머쥐다**: 무엇을 완전히 소유하거나 장악하다.
- **종식**: 한때 매우 성하던 현상이나 일이 끝나거나 없어짐.

세계 기록을 정복한 운동선수

1 다음 빈칸에 들어갈 말을 이 글에서 찾아 쓰세요.

[ㅌㅇㄱ ㅇㅈ]는 골프의 인종 장벽을 깨고, 골프의 대중화를 만든 일등공신입니다.

정답 ☐☐☐ ☐☐

2 타이거 우즈가 골프에 끼친 영향 중 <u>틀린</u> 것을 고르세요.

① 백인 중심의 스포츠라는 편견을 깼어요.
② 젊은 사람이 하는 쿨한 스포츠라는 이미지를 만들었어요.
③ '마스터스' 대회에서 역대 최연소 선수로 우승했어요.
④ 골프용품 매출이 급격히 줄었어요.

3 이 글의 밑줄 친 ㉠의 상황과 어울리지 <u>않는</u> 사자성어는 무엇인가요?

① 전화위복(轉禍爲福): 걱정이 바뀌어 오히려 복이 됨.
② 고진감래(苦盡甘來): 쓴 것이 다하면 단 것이 온다는 뜻으로, 고생 끝에 즐거움이 옴을 이르는 말.
③ 오매불망(寤寐不忘): 자나 깨나 잊지 못함.

상식 플러스

타이거 우즈는 대회 마지막 날에 빨간색 상의와 검은색 하의 차림으로 출전하는 걸로 유명해요. 이른바 '우승 드레스코드'라고 하죠. 그런데 2021년 타이거 우즈가 큰 교통사고를 당해 치료를 받던 시기가 있었어요. 그때 열린 중요한 대회에서 그의 쾌유를 기원하는 마음으로 동료 선수들이 우즈의 상징인 빨간색 상의와 검은색 하의를 입고 출전해 눈길을 끌었답니다.

#축구의신 #축구황제 #월드컵3회우승
#1,280골최다득점기록

축구 역사 최고의 선수
펠레

에드손 아란테스 두 나시멘토
(Edson Arantes do Nascimento)
1940~2022년
출생지: 브라질
직업: 축구 선수

브라질에서 태어난 펠레는 '축구의 황제'라 불리는 전설적인 선수예요. 많은 사람이 인정하는 역사상 최고의 축구 선수죠. 그는 월드컵 우승 트로피를 무려 세 번이나 들어 올렸는데요, 이 기록은 지금까지도 깨지지 않은 전무후무한 기록이에요. 20년에 걸친 선수 생활 동안 넣은 골이 무려 1,280골에 달해요. 이 놀라운 기록은 아직도 갈아치운 선수가 없답니다.

특히 1970년 그의 마지막 월드컵 결승전은 지금도 팬들 사이에서 전설처럼 회자되는 경기예요. 그날 펠레는 헤딩골로 첫 골을 넣었고, 이어서 멋진 골들을 만들어 내며 최고의 결승전을 이끌었어요. 월드컵에서 세 번의 우승을 달성한 역사적인 그날, 동료 선수들은 펠레를 하늘 높이 들어 올리며 진심으로 축하했답니다.

펠레의 경기 때문에 전쟁이 멈춘 일화도 있어요. 1967년 나이지리아는 내전 중이었는데, 펠레의 경기를 보기 위해 정부군과 반군이 무려 72시간 동안 휴전을 선언했대요. 축구로 총성을 멈추게 한 희망과 평화의 상징, 바로 펠레였던 거예요.

펠레는 "나는 단순한 축구 선수가 아니라, 사람들의 마음속에 희망을 심는 사람이 되고 싶다."라고 말했어요. 실제로 그는 가난한 흑인 소년에서 세계 최고의 선수가 되었고, 수많은 아이에게 꿈과 희망을 선물했어요. 은퇴 후에는 어린이와 가난한 사람들을 돕는 활동에도 앞장서며 축구장 밖에서도 빛나는 어른으로 살았답니다.

어휘 플러스

- **회자되다**: 칭찬을 받으며 사람의 입에 자주 오르내리게 되다.

세계 기록을 정복한 운동선수

1 다음 빈칸에 들어갈 말을 이 글에서 찾아 쓰세요.

> 축구의 황제라 불리는 [ㅍㄹ]의 1,280골 최다 득점 기록은 아직도 깨지지 않은 역사적 기록입니다.

정답 ☐☐

2 이 글을 읽고 다음의 문장이 맞으면 ○표, 틀리면 X표를 하세요.

① 펠레는 월드컵 우승을 세 번이나 했어요. (   )
② 펠레의 경기를 보기 위해 전쟁이 잠시 멈춘 적도 있어요. (   )

3 이 글을 <u>알맞게</u> 이해한 친구는 누구인가요?

[지민] 펠레는 가난한 흑인 소년에서 축구의 황제까지 오른 전설적인 인물이구나.
[규민] 브라질은 월드컵 우승을 해본 적이 없구나.
[하은] 펠레는 은퇴 후에 은둔생활을 했구나.

상식 플러스

'펠레의 저주'라는 말을 들어봤나요? 펠레가 우승 후보로 예측한 팀이 경기에서 탈락하거나 성적이 부진한 일이 반복되면서 생긴 말이랍니다. 그가 응원하는 팀이 자꾸 패하자 사람들 사이에서는 '펠레가 응원하면 진다'는 말이 농담처럼 퍼지게 되었대요.

▼ 세상에 지식을 전하는 석학

#침묵의봄 #환경운동의촉매제

환경보호 운동의 촉매제
레이첼 카슨

레이첼 카슨(Rachel Carson)
1907~1964년
출생지: 미국
직업: 환경 운동가, 해양생물학자, 작가

1962년, 레이첼 카슨이 출간한 책《침묵의 봄》은 환경 문제에 대한 인식을 뒤바꾼 전환점이 되었어요. 이 책은 농약과 살충제 등 화학 물질의 남용이 자연 생태계에 미치는 파괴적인 영향을 경고하며, 환경보호의 중요성을 전 세계에 알리는 계기가 되었지요. 당시로선 보기 드문 용기 있는 목소리였고, 과학적 근거와 감성적인 글쓰기가 어우러져 사회에 큰 반향을 일으켰습니다.

오늘날 환경 문제는 전 지구인이 공감하는 중요한 이슈지만, 20세기 중반에는 상황이 달랐어요. 개발과 경제 성장을 우선시하던 시대였답니다. 미국에서는 농작물에 피해를 주는 곤충이나 외래 식물을 없애기 위해 농약을 대량으로 살포하기도 했어요. 카슨은 이런 현실 속에서 곤충과 조류에 피해가 가중되는 사례를 꼼꼼히 조사해 정리했죠. 그 무렵 암 진단을 받는 위기 속에서도 글쓰기를 멈추지 않았답니다.

카슨은 병상에서도《침묵의 봄》집필을 완성했어요. 그녀는 책을 통해 농약과 살충제 같은 화학 물질의 무분별한 사용, 즉 남용이 생태계뿐 아니라 생물의 다양성을 축소하고 인간의 건강까지 위협한다고 강력히 경고했어요. 농약 회사와 정부 기관의 압박과 방해에도 불구하고 책은 전 세계에서 읽혔고, 사람들은 환경을 지켜야 한다는 인식을 갖게 되었죠.《침묵의 봄》은 이후 환경 보호 정책과 규제 강화의 계기가 되었으며, 오늘날까지 환경 운동의 촉매제로 기억되고 있어요.

어휘 플러스

- **가중되다:** 부담이나 고통 따위를 더 크게 받거나 어려운 상태가 심해지게 되다.
- **남용:** 일정한 기준이나 한도를 넘어서 함부로 씀.
- **촉매제:** 어떤 일을 유도하거나 변화하게 하는 계기를 비유적으로 이르는 말.

세상에 지식을 전하는 석학

1 다음 빈칸에 들어갈 말을 이 글에서 찾아 쓰세요.

> 레이첼 카슨이 쓴 책 [ㅊㅁㅇ ㅂ]은 오늘날 환경보호 운동의 촉매제가 되었습니다.

정답 □□□ □

2 이 글을 읽고 다음 중 <u>틀린</u> 것을 고르세요.

① 1962년 레이첼 카슨의 책 《침묵의 봄》은 화학 물질의 피해에 대해 경고했어요.
② 레이첼 카슨은 암 투병을 하며 책을 썼어요.
③ 농약 회사와 정부는 책이 판매되지 못하도록 출판사를 압박했어요.
④ 《침묵의 봄》의 영향으로 환경보호 운동이 사라졌어요.

3 이 글을 읽고 다음 [   ] 안에 들어갈 말을 골라 ○표 하세요.

> 레이첼 카슨은 "화학 물질의 남용은 환경을 [보호 / 파괴]하고 생물의 다양성을 [확대 / 축소]한다."고 경고했어요.

상식 플러스

레이첼 카슨은 살충제에 사용되는 DDT라는 물질에 대해 연구했어요. 살충제 속 DDT를 먹은 곤충은 내성을 갖게 되고, 그 성분이 몸에 축적됩니다. 그 때문에 그 곤충을 잡아먹는 개구리, 그리고 다시 그 개구리를 잡아먹는 새에게까지 점점 더 높은 농도의 유해 물질이 쌓이게 된다고 밝혔어요. 이런 먹이사슬을 통한 생물 농축의 위험성 때문에 DDT는 1970년대 이후 사용이 금지됐답니다.

@리처드 도킨스

#생물학자 #이기적유전자 #결론은유전자생존

이타적 행동은 '내 유전자를 지키기 위한 전략'
리처드 도킨스

리처드 도킨스(Clinton Richard Dawkins)
1941년~
출생지: 케냐 / 활동지: 영국
직업: 진화생물학자, 대학교수

    리처드 도킨스는 영국의 진화생물학자예요. 우리는 보통 세상의 주인공이 사람이나 동물 같은 하나의 개체라고 생각해요. 하지만 도킨스는 진짜 주인공은 '유전자'라고 말합니다. 우리는 왜 때때로 자기 자신보다 남을 먼저 생각하는 이타적인 행동을 할까요? 도킨스는 여기에 대해 아주 새로운 관점을 제시했어요.

    그는 이타적 행동도 결국 유전자의 생존을 위한 전략일 수 있다고 설명합니다. 예를 들어, 일개미는 스스로 번식하지 않고 여왕개미를 위해 일만 하죠. 이것이 정말 희생일까요? 도킨스는 이렇게 말합니다. 일개미가 죽더라도 여왕개미가 자기 유전자를 물려줄 수 있으니, 결과적으로 자신의 유전자를 지키는 행동이라고 말이에요. 또 어떤 새들은 자신이 위험해질 수도 있지만, 포식자를 보면 큰 소리로 경고해요. 도킨스는 이를 두고 같은 유전자를 가진 무리들을 지키기 위한 이타적 행동일 수 있다고 설명하죠.

    부모가 자식에게 시간과 정성을 아낌없이 쏟는 이유도 같은 이론으로 설명돼요. 부모와 자식은 유전자가 절반씩 같기 때문에 자녀를 돌보는 것은 곧 자기 유전자를 보호하는 일이라는 거예요. 도킨스의 이런 새로운 생각은 그의 책 《이기적 유전자》에 자세히 나와 있어요. 이 책에서 그는 이렇게 말합니다. "이타적 행동이란, 결국 자기 유전자의 생존 가능성을 높이기 위한 전략일 수 있다."

어휘 플러스

- **개체:** 전체나 집단에 상대하여 하나하나의 낱개를 이르는 말.
- **이타적:** 자기의 이익보다는 다른 이의 이익을 더 꾀하는 것.

세상에 지식을 전하는 석학

1 다음 빈칸에 들어갈 말을 이 글에서 찾아 쓰세요.

리처드 도킨스는 세상의 주인공은 [ㅇㅈㅈ]라고 말해요.

정답 ☐☐☐

2 이 글을 읽고 다음 [　] 안에 들어갈 말을 골라 ○표 하세요.

① 일개미가 번식하지 않고 여왕개미를 돕는 [이타적/이기적] 행동은 자신의 유전자를 물려 주기 위한 것입니다.
② 새는 포식자를 발견했을 때 소리를 내서 경고 신호를 보내요. 이는 자신의 종족들을 보호하는 [이타적/이기적] 행동으로 결국 자기 종족의 유전자를 지키기 위한 전략입니다.

3 다음 중 리처드 도킨스의 주장을 <u>가장 잘</u> 이해한 어린이는 누구인가요?

[혜윤] 생물이 이타적인 행동을 하는 이유는 자기 유전자의 생존 확률을 높이기 위한 전략이구나.
[현우] 생물은 자기 유전자를 지키기 위해서 항상 이기적 선택을 하는구나.

상식 플러스

사람은 염색체가 23쌍, 총 46개로 이루어져 있어요. 그중 23개는 엄마에게서, 나머지 23개는 아빠에게서 받습니다. 그래서 자식은 엄마의 유전자 50퍼센트와 아빠의 유전자 50퍼센트를 공유하죠. 그런데 부모의 유전자는 무작위로 섞여서 전달돼요. 그래서 형제자매도 서로 비슷한 듯하면서 다른 것이랍니다.

#현대철학자 #정의란무엇인가 #공정하다는 착각

질문하는 현대의 철학자
마이클 샌델

마이클 샌델(Michael J. Sandel)
1953년~
출생지: 미국
직업: 현대 철학자, 정치 철학자, 대학교수

　　마이클 샌델은 27세에 하버드대학교 최연소 교수가 되었어요. 그 후 40년 넘게 하버드에서 '정의'라는 주제로 강의를 이어 오고 있죠. 그는 질문하는 철학자예요. 도덕적 딜레마 상황에서 정의란 무엇인지 함께 고민하도록 만들고, 돈, 재능, 선택 등 우리가 공정하다고 여겼던 것들을 다시 생각해 보자고 말합니다. 《정의란 무엇인가》, 《돈으로 살 수 없는 것들》 같은 그의 책은 우리가 선택의 순간마다 어떤 신념을 갖고 있는지를 돌아보게 해줍니다.

　　선로 위를 달리던 기차의 브레이크가 고장 났어요. 그런데 그 선로 끝에는 다섯 명이 작업 중이고, 옆 선로에는 한 명만 서 있어요. 만약 여러분이 선로를 바꿀 수 있는 기관사라면 어떻게 하시겠어요? 레버를 그대로 두고 아무것도 하지 않을 건가요? 아니면 여러 명을 살리기 위해 한 사람을 희생시킬 건가요? 이처럼 샌델은 우리가 쉽게 답하기 어려운 상황을 제시하면서 정의로운 선택이란 무엇인지 끊임없이 묻습니다.

　　"정부는 부자에게 세금을 더 걷어 가난한 사람을 도와야 할까?", "진실을 말하는 것이 항상 옳은 일일까?", "도덕적으로 살인을 해야 하는 상황도 있을까?" 샌델은 이런 질문을 던지며, 우리가 어떻게 올바른 삶을 살아갈 수 있을지 진지하게 고민하도록 이끌어 주죠. 그의 철학은 복잡한 이론이 아닌 우리 주변에서 일어날 수 있는 이야기들로 쉽게 설명되기 때문에 더 많은 사람의 공감을 얻고 있답니다.

어휘 플러스

- **딜레마:** 택해야 할 길은 두 가지 중 하나로 정해져 있는데, 그 어느 쪽을 선택해도 바람직하지 못한 결과가 나오게 되는 곤란한 상황.
- **선로:** 기차나 전차의 바퀴가 굴러가도록 레일을 깔아 놓은 길.

세상에 지식을 전하는 석학

1 다음 빈칸에 들어갈 말을 이 글에서 찾아 쓰세요.

> 하버드대학의 교수 마이클 샌델은 40여 년 동안 [ㅈㅇ]를 주제로 강의를 했어요.

정답 ☐ ☐

2 이 글을 읽고 샌델이 질문하는 딜레마 상황에 가장 적합한 사자성어를 고르세요.

① 견물생심(見物生心): 어떤 실물을 보면 그것을 가지고 싶은 욕심이 생김.
② 진퇴양난(進退兩難): 이러지도 저러지도 못하는 곤란한 처지에 놓임.
③ 유비무환(有備無患): 미리 준비가 되어 있으면 걱정할 것이 없음.
④ 설상가상(雪上加霜): 눈 위에 서리가 덮인다는 뜻으로, 안 좋은 일 위에 또 안 좋은 일이 겹침.

3 이 글을 읽고 샌델은 어떤 학문을 연구하는 교수인지 고르세요.

① 철학
② 신학
③ 생물학
④ 공학

상식 플러스

마이클 샌델의 철학은 우리 주변에서 일어날 수 있는 일들로 쉽게 설명돼요. 그의 하버드대학교 강의는 가장 인기 있는 강의 중 하나죠. 유튜브에 소개된 강의 영상은 약 3,900만 회의 조회 수를 기록했답니다.

@유발 하라리

#역사학박사 #작가 #사피엔스

인류의 미래를 묻는다. 유발 하라리

유발 하라리(Yuval Noah Harari)
1976년~
출생지: 이스라엘
직업: 역사학과 교수, 작가

"인류는 어떤 길을 걸어왔고, 앞으로 우리의 미래는 어떻게 될까?" 유발 하라리는 이 질문에 답해 주는 역사학자이자 베스트셀러 작가예요. 그는, 우리가 앞으로 어떻게 살아야 할지 고민하게 만드는 책을 여러 권 썼어요.

대표적으로, 역사에 대한 깊은 ㉠통찰을 담은 책 《사피엔스》를 2011년에 출간했어요. 이 책은 전 세계 45개국에 소개되며 큰 반향을 일으켰고, 수많은 독자의 생각을 바꾸어 놓았어요. "인간은 왜 특별할까?"라는 질문에 하라리는 "인간은 상상할 수 있는 유일한 동물이다."라고 답합니다. 그리고 100만 년 전 초기 인류 시대부터 스마트폰과 인공지능의 시대까지를 연결해 설명하면서, 종교, 정치, 교육, 전쟁 같은 주제가 어떻게 생겨났고 왜 중요한지를 쉽게 풀어 주죠.

하라리의 책은 계속해서 인류에게 질문을 던집니다. "너는 어떻게 살고 싶니?", "기술이 발전하면 인간은 정말 행복해질까?", "더 나은 세상을 만들기 위해 우리는 무엇을 해야 할까?" 같은 질문들이죠. 혹시 내용이 너무 어렵게 느껴지나요? 다행히 어린이용 책도 출간되어 있어, 누구나 쉽게 그의 생각을 접할 수 있어요.

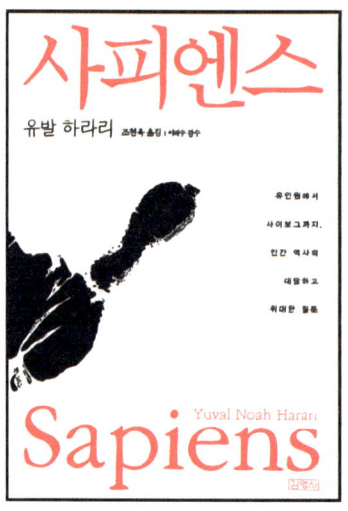

어휘 플러스

- **통찰:** 예리한 관찰력으로 사물을 꿰뚫어 봄.
- **반향:** 어떤 사건이나 발표 따위가 세상에 영향을 미치어 일어나는 반응.

세상에 지식을 전하는 석학

1 다음 빈칸에 들어갈 말을 이 글에서 찾아 쓰세요.

유발 하라리는 인류 역사의 통찰을 담은 책 [ㅅㅍㅇㅅ]의 작가입니다.

정답 ☐☐☐☐

2 이 글을 읽고 유발 하라리가 책에서 던진 질문이 <u>아닌</u> 것을 고르세요.

① 인간은 왜 특별할까?
② 기술이 발전하면 인류는 행복해질까?
③ 더 나은 세상을 위해 무엇을 해야 할까?
④ 인간은 왜 다이어트를 할까?

3 이 글의 밑줄 친 ㉠의 말뜻을 알맞게 설명한 것은 무엇인가요?

① 예리한 관찰력으로 사물을 꿰뚫어 봄.
② 어떤 곳이나 때를 거쳐서 지나감.
③ 어찌할 바를 몰라 괴로워하고 애를 태움.
④ 때려 부수거나 깨뜨려 헐어 버림.

> **상식 플러스**
>
> 우리는 역사책에서 인류가 농사를 시작하면서 발전했다고 배웁니다. 하지만 하라리는 다르게 말했어요. 농사는 인류에게 풍족한 음식을 주긴 했지만 더 많은 시간과 노동을 들여야 했고, 사냥하던 때보다 덜 움직이게 되어 오히려 병에 약해졌다고 말합니다. '농사는 노동의 덫이었다'는 그의 시각이 무척 신선하게 느껴지지 않나요.

@재레드 다이아몬드

#인간백과사전 #총균쇠

지리적 환경이 문명을 만든다
재레드 다이아몬드

재레드 다이아몬드(Jared Mason Diamond)
1937년~
출생지: 미국
직업: 교수, 생물학자, 지리학자, 조류학자, 역사학자

재레드 다이아몬드는 과학, 역사, 인류학을 아우르는 폭넓은 지식을 바탕으로 인류 문명의 흐름을 통찰하는 학자예요. 그는 "어떤 나라는 왜 부유해지고, 어떤 나라는 가난에서 벗어나지 못할까?"라는 질문에 대해 지리적 환경에서 그 해답을 찾았답니다. 그리고 저서 《총, 균, 쇠》를 통해 이를 구체적으로 설명하고 있죠.

그는 유라시아 대륙이 아메리카보다 더 빨리 발전한 이유를 '운'에서 찾았어요. 운 좋게도 유라시아에는 가축화할 수 있는 동물과 재배 가능한 곡물이 풍부했고, 동서 방향으로 넓게 펼쳐진 지형은 농업 기술과 작물이 빠르게 전파될 수 있는 환경이었죠. 농업이 발달하면 사람들이 정착하게 되고, 잉여 생산물이 생기면서 사회 계층이 생겨 정치와 기술도 발전합니다. 또 가축과 가까이 지내며 다양한 병원균에 대한 내성도 생겼죠. 이 면역력은 유럽인이 아메리카 대륙을 발견했을 때 원주민을 정복할 수 있었던 중요한 요인이 되었어요.

반면 아메리카와 아프리카는 남북 방향으로 길게 뻗은 대륙이라 지역마다 기후가 매우 달랐고, 작물이나 가축, 농업 기술이 쉽게 퍼지지 않았어요. 가축화할 수 있는 동물도 드물어서 농업은 물론 운송과 군사력에서도 큰 차이가 있었고, 사람에게 치명적인 열대병도 많아서 도시를 이루기 어려웠답니다. 다이아몬드는 이처럼 문명의 발전이 인종의 우월함 때문이 아니라, 지리적 환경의 차이에서 비롯된 것임을 강조했어요.

어휘 플러스

- **유라시아**: 유럽과 아시아를 아울러 이르는 이름.

세상에 지식을 전하는 석학

1 다음 빈칸에 들어갈 말을 이 글에서 찾아 쓰세요.

재레드 다이아몬드의 대표적인 저서의 이름은 [ㅊ,ㄱ,ㅅ]입니다.

정답 ☐,☐,☐

2 이 글을 읽고, 다음 중 '유라시아 대륙이 아메리카 대륙보다 빠르게 발전한 이유'에 대해 맞는 문장은 ○표, 틀린 문장은 X표를 하세요.

㈎ 유라시아 대륙은 남북으로 길게 뻗은 지형이라 농사의 경험이 전파되기 쉬웠어요. (   )
㈏ 유라시아 대륙은 가축과 함께 지내며 병원균에 내성을 가질 수 있었어요. (   )
㈐ 유라시아 대륙은 농업이 발달해 생산물이 많아 사회 계층이 형성되었어요. (   )
㈑ 유라시아 대륙은 열대병이 많아 도시를 만들기 어려웠어요. (   )

3 다음 빈칸에 들어갈 말을 이 글에서 찾아 쓰세요.

재레드 다이아몬드는 "문명의 발달은 인종적 우월 때문이 아니라, [ㅈㄹ]의 유리함 덕분이다."라고 설명했어요.

정답 ☐☐

상식 플러스

유럽인들이 아메리카 대륙의 원주민을 정복할 때, 큰 영향을 미친 것이 바로 병원균이라는 사실을 알고 있나요? 유럽인들은 오랫동안 가축과 함께 살아오면서 다양한 병에 대한 면역을 갖게 되었어요. 하지만 아메리카 대륙 사람들은 이런 병에 매우 취약했죠. 그래서 전투가 시작되기도 전에, 유럽인들이 가져온 전염병이 먼저 퍼지면서 원주민 사회는 이미 큰 피해를 입고 붕괴된 상태였답니다.

야생 침팬지의 어머니
제인 구달

제인 구달(Jane Goodall)
1934년~
출생지: 영국
직업: 동물학자, 환경 운동가

#동물학자 #환경운동가 #침팬지가도구를사용한다

　제인 구달은 어릴 적부터 동물을 무척 사랑했어요. 특히 '타잔' 이야기를 읽고 아프리카에서 동물들과 함께 살아보고 싶다는 꿈을 품었지요. 정규 대학 교육을 받지 않은 상태에서 연구를 시작했지만, 독창적인 현장 연구를 인정받아 1966년 케임브리지대학교에서 동물행동학 박사 학위를 받았어요. 당시 대부분의 과학자는 야생 동물을 멀리서 관찰했지만, 구달은 침팬지에게 다가가 이름을 붙이고 관계를 맺는 새로운 접근을 시도했어요. 게다가 무려 20년 넘게 침팬지와 함께 지내며 연구를 이어 갔지요.

　제인 구달은 침팬지가 도구를 사용할 수 있다는 사실을 처음 밝혀 냈어요. 그전까지는 인간만이 도구를 쓴다고 여겨졌는데, 이 학설을 뒤집은 발견이 세상을 놀라게 했지요. 구달은 '데이비드 그레이비어드'라는 침팬지가 나뭇가지를 다듬어 개미굴에 찔러 넣고 개미를 잡아먹는 장면을 목격했어요. 이후 다른 과학자들도 침팬지가 잎사귀로 빗물이나 꿀을 찍어 먹고, 이파리 부채로 파리를 쫓는 등 다양한 도구 사용 행동을 확인했답니다.

　그뿐만이 아닙니다. 구달은 침팬지가 채식뿐만 아니라 육식도 즐긴다는 것, 침팬지들끼리 가족 간의 유대가 깊고 사회적인 관계도 잘 맺는 동물이라는 사실도 밝혀 냈어요. 야생 서식지에서 장기간 머물며 관찰한 그녀의 연구는 인간과 동물의 경계를 다시 생각하게 만들었고, 지금도 많은 사람에게 깊은 감동과 통찰을 주고 있습니다.

어휘 플러스

- **학설**: 학술적 문제에 대하여 주장하는 이론 체계.
- **서식지**: 생물 따위가 일정한 곳에 자리를 잡고 사는 곳.

세상에 지식을 전하는 석학

1. 다음 빈칸에 들어갈 말을 이 글에서 찾아 쓰세요.

제인 구달은 침팬지가 [ㄷㄱ]를 사용할 줄 안다는 사실을 발견했어요.
인간만 [ㄷㄱ]를 사용한다는 학설을 뒤집은 사건이었어요.

정답 ☐☐

2. 이 글을 읽고 다음 중 제인 구달에 대한 설명으로 틀린 것을 고르세요.

① 어릴 적부터 동물을 사랑했어요.
② 대학교에서부터 동물학을 깊게 연구했어요.
③ 침팬지와 가까이서 관계를 맺으며 연구하는 새로운 방식을 시도했어요.
④ 침팬지에 대한 독창적인 연구 방법을 인정받아 동물행동학 박사 학위를 받았어요.

3. 다음 중 제인 구달이 침팬지에 대해 발견한 것이 아닌 것을 고르세요.

① 침팬지가 도구를 사용할 수 있다는 것.
② 침팬지가 사회적 관계를 맺는다는 것.
③ 침팬지가 육식도 좋아한다는 것.
④ 침팬지가 젓가락을 사용할 수 있다는 것.

상식 플러스

구달은 침팬지 서식지가 파괴되는 현실을 깨닫고, 최근에는 환경 운동가로서의 활동에 더욱 집중하고 있어요. 동물과 환경에 대한 진정성을 삶 전체를 통해 몸소 보여 준 그녀는, 동물학과 자연보호 분야의 살아 있는 전설이랍니다.

자료 출처

국립미술박물관: 한복
한국 데이터베이스 산업진흥원: 김홍도 씨름, 신사임당 조충도
Wikimedia Commons: 다비드 조각상(요르그 비트너 운나), 최후의 심판(Dungodung),
피에타 조각상(Stanislav Traykov), 마틴 루터 킹(David Erickson),
천지창조, 모네 파라솔의 여인
스포츠 닛폰: 오타니식 목표 설정표